东盟教育研究

A COMPARATIVE
STUDY OF
CHINA-SINGAPORE
SEX EDUCATION

中国-新加坡性教育比较研究

杨素萍 著

北京理工大学出版社
BEIJING INSTITUTE OF TECHNOLOGY PRESS

版权专有　侵权必究

图书在版编目（CIP）数据

中国－新加坡性教育比较研究 / 杨素萍著. —北京：北京理工大学出版社，2021.6
（东盟教育研究）
ISBN 978-7-5682-9867-4

Ⅰ. ①中⋯　Ⅱ. ①杨⋯　Ⅲ. ①性教育-对比研究-中国、新加坡　Ⅳ. ①G479

中国版本图书馆 CIP 数据核字（2021）第 100656 号

出版发行 /	北京理工大学出版社有限责任公司
社　　址 /	北京市海淀区中关村南大街 5 号
邮　　编 /	100081
电　　话 /	（010）68914775（总编室）
	（010）82562903（教材售后服务热线）
	（010）68948351（其他图书服务热线）
网　　址 /	http://www.bitpress.com.cn
经　　销 /	全国各地新华书店
印　　刷 /	保定市中画美凯印刷有限公司
开　　本 /	710 毫米×1000 毫米　1/16
印　　张 /	11
字　　数 /	174 千字
版　　次 /	2021 年 6 月第 1 版　2021 年 6 月第 1 次印刷
定　　价 /	59.00 元

责任编辑 / 李慧智
文案编辑 / 李慧智
责任校对 / 周瑞红
责任印制 / 李志强

图书出现印装质量问题，请拨打售后服务热线，本社负责调换

目　录

绪论 …………………………………………………………………………… 1
第1章　中国-新加坡性教育发展历程比较 ……………………………… 15
　第一节　中国性教育的发展历程 ………………………………………… 15
　　一、性教育的禁闭阶段（1949—1977 年）……………………………… 18
　　二、性教育的萌动阶段（1978—1987 年）……………………………… 18
　　三、性教育的发展阶段（1984—1993 年）……………………………… 20
　　四、性教育的推广阶段（1994 年至今）………………………………… 20
　第二节　新加坡性教育的历史脉络 ……………………………………… 23
　　一、性教育的边缘期（1970—1980 年）………………………………… 24
　　二、性教育的初步发展期（1980—1990 年）…………………………… 24
　　三、性教育的高速发展期（1990 年至今）……………………………… 25
第2章　中国-新加坡性教育方案比较 …………………………………… 27
　第一节　中国性教育方案 ………………………………………………… 27
　　一、1949—1977 年：没有明确的政策与法规 ………………………… 27
　　二、1978—1993 年：面向生理知识的性教育政策与法规相继出台 … 27
　　三、1994—2006 年：以社会问题为关注点的性健康教育政策 ……… 30
　　四、2007 年至今：致力于性安全的性教育政策 ……………………… 35
　第二节　新加坡性教育方案 ……………………………………………… 43
　　一、新加坡性教育计划的指导思想 …………………………………… 44

二、新加坡性教育计划的框架和主题 ………………………………… 45

第3章　中国-新加坡性教育目标和内容比较 ………………………… 49

第一节　中国性教育目标和内容 …………………………………………… 49
　　一、中国学校性教育的目标 ……………………………………………… 49
　　二、中国学校性教育的内容 ……………………………………………… 53

第二节　新加坡性教育目标和内容 ………………………………………… 64
　　一、新加坡性教育的总体目标 …………………………………………… 64
　　二、新加坡性教育内容 …………………………………………………… 65

第4章　中国-新加坡性教育实施的途径比较 ………………………… 69

第一节　中国性教育实施的途径 …………………………………………… 69
　　一、中国学校性教育实施的策略 ………………………………………… 69
　　二、中国性教育实施的途径 ……………………………………………… 70

第二节　新加坡性教育实施的途径 ………………………………………… 90
　　一、新加坡性教育计划实施的原则 ……………………………………… 90
　　二、新加坡性教育实施的途径 …………………………………………… 91

第5章　中国-新加坡性教育方法比较 ………………………………… 107

第一节　中国性教育方法 …………………………………………………… 107
　　一、中国性教育方法的演变 ……………………………………………… 107
　　二、中小学性教育的方法 ………………………………………………… 111
　　三、性教育案例 …………………………………………………………… 115

第二节　新加坡性教育方法 ………………………………………………… 127
　　一、跨学科教学法 ………………………………………………………… 128
　　二、案例研究法 …………………………………………………………… 129
　　三、现实生活场景法 ……………………………………………………… 129
　　四、叙述法（故事法） …………………………………………………… 129
　　五、新加坡性教育实施案例 ……………………………………………… 130

第6章　中国-新加坡性教育的特征和效果比较 ……………………… 141

第一节　中国性教育的特征和效果 ………………………………………… 141
　　一、中国性教育的特点 …………………………………………………… 141
　　二、中国性教育的效果 …………………………………………………… 144

第二节　新加坡性教育的特征 …………………………………… 149
　　　　一、推崇婚前禁欲的性教育模式 ………………………………… 150
　　　　二、确定三方参与的性教育指导方针 …………………………… 150
　　　　三、依托学校的课程标准、教材和师资 ………………………… 151
　　　　四、突出政府对性教育的监督与管理 …………………………… 152
余论 …………………………………………………………………… 153
参考文献 ……………………………………………………………… 163
后记 …………………………………………………………………… 169

绪 论

一、选题缘起

（一）响应国家相关政策的落实

1988年，国家教育委员会（今教育部）和国家计划生育委员会（今国家卫生健康委员会）联合发布《关于在中学开展青春期教的通知》，标志着性教育被正式纳入我国基础教育体系[①]。自此，我国中小学青春期性健康教育得到快速发展。2011年，国务院发布的《中国儿童发展纲要（2011—2020年）》明确提出"提高适龄儿童性与生殖健康知识普及率"的发展目标和"加强儿童生殖健康服务。将性与生殖健康教育纳入义务教育课程体系"的具体措施[②]。2016年10月，中共中央、国务院发布《"健康中国2030"规划纲要》，提出将健康教育纳入国民教育体系，把健康教育作为所有教育阶段素质教育的重要内容，强调"强化社会综合治理，以青少年、育龄妇女及流动人群为重点，开展性道德、性健康和性安全宣传教育和干预"[③]。2016年11月，国家卫生和计划生育委员会宣传司发布的《关于加强健康促进与教育的指导意见》也明确提出推进"把健康融入所有政策"，加强学校

[①] 孙逊. 国家教育委员会、国家计划生育委员会联合发出通知要求各地在中学开展青春期教育试点工作[J]. 学校卫生，1988（4）：2-4.

[②] 国务院. 中国儿童发展纲要（2011—2020年）[M]. 北京：人民出版社，2011.

[③] 中共中央，国务院. 中共中央 国务院印发《"健康中国2030"规划纲要》[EB/OL]. （2016-10-25）[2018-10-28]. http://www.gov.cn/xinwen/2016-10/25/content_5124174.htm.

健康促进与教育工作①。2017年1月,国务院办公厅印发《中国遏制与防治艾滋病"十三五"行动计划》,将性教育与宣传作为防治措施的重要环节②。2017年,教育部发布的《中长期青年发展规划(2016—2025年)》《普通高等学校健康教育指导纲要》《加强中小学生欺凌综合治理方案》等相关法规政策都提出与儿童青少年性健康促进的相关规定内容。

这些政策的颁布,为我国性教育活动的开展提供了重要的依据和保障。基于性教育的这一重要地位,如何开展性教育活动也因此成为紧迫的研究任务。

(二)破解性教育缺失的现实难题

由于性教育的缺失,在现实中出现了很多与之相关的问题:

1. 儿童性侵害案件呈高发态势

《"女童保护"2017年性侵儿童案例统计及儿童防性侵教育调查报告》显示,在被公开报道案例所涉及的606名受害者中,7~14岁的受害人居多,占所有案例的64.36%;城市和农村都可能发生性侵事件且农村儿童更需要来自家庭、学校和社会的监护③。2017年9月,由中国计划生育协会编写的《大学生性与生殖健康调查报告》显示,35.1%的受访者表示曾遭受过性暴力或性骚扰,包括"性语言方面的骚扰"(5 427人次)、"被他人强迫亲吻或触摸隐私部位"(2 472人次)和"被他人强迫脱衣服、暴露隐私部位"(1 245人次)④。性侵害不仅给受害儿童的生理和心理造成极大伤害,对受害儿童家庭的打击更难以估量,而且严重冲击了社会的道德底线。儿童性侵害的高发不仅反映了我国儿童保护法治体系尚不健全,也与学校性教育缺失不无关系,更折射出家庭、学校对儿童青少年性教育缺失所埋下的隐患。

2. 青少年艾滋病病毒感染人数不断攀升

我国青少年的性观念和性态度日益开放,但性与生殖方面的知识明显不足,

---

① 国家卫生和计划生育委员会宣传司. 关于加强健康促进与教育的指导意见[EB/OL]. (2016-11-18)[2018-10-28]. http://www.nhfpc.gov.cn/xcs/s7846/201611/05cd17fa96614ea5a9f02bd3f7b44a25.shtml.

② 国务院办公厅. 中国遏制与防治艾滋病"十三五"行动计划[EB/OL]. (2017-01-19)[2018-04-23]. http://www.gov.cn/zhengce/content/2017-02/05/content_5165514.htm.

③ 中国少年儿童文化艺术基金会女童保护基金."女童保护"2017年性侵儿童案例统计及儿童防性侵教育调查报告[EB/OL]. (2018-03-02)[2019-04-22]. https://mp.weixin.qq.com/s/8vpGvKR8KOtrVQMqwT-fVg.

④ 代丽丽. 大学生性与生殖健康现状调查报告发布:超两成曾发生性行为[N]. 北京晚报, 2016-09-26(1).

性传播感染的安全意识极度缺乏,青少年呈现感染艾滋病病毒的脆弱性。从 2017 至 2018 年前两个季度全国艾滋病疫情监测结果来看,15 岁以下新增艾滋病病毒感染者数量持续走高①。以北京市为例,2016 年 1 月至 10 月 15~24 岁青年感染者和患者共报告 647 例,比 2015 年同期增加 23 例;青年学生感染以性传播为主,占全部学生病例的 95.5%②。广州市的研究显示,2008—2016 年同性传播途径比例在 15~24 岁青少年病例和总体疫情中均逐年增加,艾滋病病毒感染对 15~24 岁青少年的影响已逐渐显现③。

3. 青少年危险性行为、非意愿妊娠和重复性人工流产居高不下

《中国青少年生殖健康可及性调查基础数据报告》显示,在被调查的两万余名 15~24 岁未婚青少年中,22.4% 的青少年有性经历,首次和最近一次性行为未采取任何避孕措施的比率分别为 51.2% 和 21.4%;在有性经历的女性中,怀孕率为 21.3%,多次怀孕率为 4.9%④。另外一个研究团队在对全国 28 个省级单位 20 余万名学生进行抽样调查后发布的结果显示,我国高中生性行为发生的报告率为 5.9%,其中,有 44.6% 的性行为是非自愿的⑤。而在青少年人工流产的案例中,由于缺乏避孕知识、未掌握有效的避孕措施和缺乏人工流产风险意识导致青少年重复人流率较高。学者易艳萍等人的研究显示,在其调查的 483 例无痛人流青少年中有 271 例是重复人流,占 56%⑥。青少年妊娠期并发症、合并症及妊娠不良结局的风险概率高于适龄妊娠。

综上,忽视中小学性教育,将会带来很多严重后果。这些后果不局限于基础教育和公共卫生领域,更关涉我国的人口质量、经济发展、社会稳定和国家安全等重大领域,这就更需要尽快开展对青少年性教育的研究。

---

① 中国疾病预防控制中心,性病艾滋病预防控制中心,性病控制中心. 2017 年第 2 季度全国艾滋病性病疫情[J]. 中国艾滋病性病,2018(8):677.
② 中国疾病防控中心,性病艾滋病预防控制中心. 北京艾滋病新发感染者数量下降[EB/OL]. (2016-12-06)[2018-04-23]. http://ncaids.chinacdc.cn/yqjc/blbg/201612/t20161206_136385.htm.
③ 莉蕊,秦发举. 1991—2016 年广州市 15~24 岁青少年 HIV/AIDS 流行特征[J]. 热带医学杂志,2017(7):988-991.
④ 郑晓瑛,陈功. 中国青少年生殖健康可及性调查基础数据报告[J]. 人口与发展,2010(3):2-16.
⑤ 宋逸,季成叶,胡佩瑾,等. 我国城、乡高中生性行为发生的比较[J]. 北京大学学报(医学版),2013(3):376-381.
⑥ 易艳萍,席露,黄丽芳,等. 青少年重复人工流产的原因分析与预防策略[J]. 中国妇幼保健,2017(18):4468-4472.

（三）性教育的理论困境

从谭嗣同在《任学》中提出的"使国人抛弃'性即淫邪'的陈腐观念，认识到性乃自然之事，'毫无可羞丑'之处的梦想"[①]到现在，我国仍没能实现这个梦想。"性"在人们的日常生活中仍然是个"谈之变色"的话题。正是因为我国传统保守的思想，使得性教育在我国的发展十分艰难，因此，也使得当前我国性教育工作的正式开展较之其他国家起步较晚，无论在理论研究还是在实践研究方面都处于落后地步。

目前我国的性教育处于起步状态，经验不足，且多集中于性教育现状、问题及对策的初步研究方面。对国外性教育的研究也仅限于美国、英国、瑞典等发达国家的性教育课程、教材和模式等的研究，对亚洲相近国家的性教育研究却相当缺乏。西方发达国家的性教育模式固然有可取之处，但这些国家的道德观念、文化氛围和生活态度与我国相差甚远，在性文化、性观念和性态度方面，更是有着天壤之别。

（四）他山之石

帮助青少年做好向成人过渡的准备是全人类共同面临的重大问题之一，其中人类的性和人际关系是核心问题[②]。各国研究表明，能在这方面做好充分准备的青少年少之又少，这使得成长中的青少年受到性胁迫、性虐待及包括艾滋病病毒在内的性传播疾病的伤害的概率不断攀升。为此，各国都试图通过设计周密、循序渐进的性健康教育计划来让青少年掌握相关知识和技能，使其具备做出负责任的选择的能力。

性教育在新加坡这个年轻的国家开展的历史并不长，但现代意义的新加坡性教育在降低青少年性犯罪率、堕胎率、性传播感染率等方面却积极高效、特色显著，是许多国家借鉴的对象。

新加坡是崇尚儒家"修身、齐家、治国、平天下"文化理念的亚洲新兴工业国，又是一个多元种族、多元文化、多元信仰并存的国家。这一点和我国有相似

---

① 谭嗣同. 谭嗣同集 [M]. 长沙：岳麓书社，2012.
② 联合国教科文组织驻京办事处. 国际性教育技术指导纲要[EB/OL]. (2015-05-19)[2020-08-20]. http://www.qingshaonian.org/?p=217.

之处，我国有56个民族，也存在多元的性文化和性信仰。同时，儒家文化也是我国传承五千年的根基。新加坡和亚洲其他国家一样，有目的、有组织、有计划地开展性教育较西方发达国家稍晚。然而，新加坡坚守儒家伦理文化的传统，使其自建国起便高度重视青少年的道德教育。20世纪90年代起，新加坡教育部陆续对性教育展开严肃认真的探索和研究，并形成了适合本国需求的性教育计划和指导方针，在青少年性教育上取得了良好的效果，成为亚洲性教育的样板和典范。因此，比较中-新性教育的发展历程，借鉴新加坡性教育的成熟经验，促进我国性教育进一步的发展十分必要。

另外，性教育反映了一个国家对性和性行为的态度及价值观，性教育的进步与否可以看作一个国家发展状况的晴雨表。因此，性教育工作的开展关乎一个国家的民生大计。性教育是人们获取性知识和性技能，进而对人类性行为形成正确态度和价值观的过程，最终影响着人类健康人格的养成。中华人民共和国成立后学校性教育经历了探索与发展的过程，现仍存在着不少亟待解决的问题。我们一再回避的性教育再也不能无休止地回避下去了，为了社会的安定与青少年的健康成长，借鉴新加坡性教育计划的内容和实施的思路和经验，制定适合中国青少年性教育的内容，探索适合中国国情的性教育发展模式，已成为当务之急。通过比较研究中-新两国性教育，对开展和普及我国性教育计划，探索有效的学校性教育途径具有重要意义。

二、研究意义

性教育是我国素质教育不可或缺的组成部分，它对中小学生的科学文化知识的积累、思想道德修养的培养、身体素质水平的提高及促进中小学生的全面健康发展的作用不言而喻。尽管性教育在我国已有一定的历史，但由于历史传统和文化观念等原因，性教育在我国的发展比发达国家相对较慢。近年来，随着互联网技术的广泛运用和推广，人们对待性的态度也越来越开放，从而也越来越重视对青少年的性教育，中国关于性教育的话题逐渐由是否开展转向如何开展。因此，对中国和新加坡的性教育进行比较，并总结新加坡开展性教育的成功经验，具有重要的理论意义和现实意义。

1. 理论意义

我国对国外性教育的研究样本数量不多，主要集中于美国、英国、瑞典、荷兰等西方国家，对亚洲国家尤其是新加坡性教育的研究相对较少。本研究通过对中国－新加坡性教育历史发展脉络，性教育的目标和内容，性教育实施的原则、途径和方法等的梳理与研究，并随机选取中国－新加坡性教育个案，进行更为深入的分析与思考，以此总结出性教育的普遍规律以及新加坡性教育的成功经验，以期为我国性教育研究拓展思路，提供启发，进而丰富性教育的理论研究。

2. 现实意义

一是通过对中国－新加坡性教育的比较，可以加深人们对性教育的直观认识，并对中国和新加坡的性教育有更深的了解，从而引发人们对性教育更多的关系和思考；二是通过对新加坡性教育的目标、主题、内容以及实施的原则、途径和方法等的深入研究，可以立足我国国情，借鉴其成功经验，为我国性教育的发展和具体实施提供可行性建议；三是本研究还可以为政府相关部分的管理者出台制定性教育方面的政策文件提供决策参考。

三、相关概念的界定

（一）性教育

对于性教育的定义，不同的国家有不同的表述，如美国性教育信息和家庭教育委员会（Sexuality Information and Education Council of the United States）认为性教育包括个人的性常识、性观念、性生活态度、性价值取向和个人性行为[①]。本研究主要采用的是联合国教科文组织对性教育的定义。性教育指的是，采取一套符合青少年年龄成长特点并具有文化相关性的教育方式，通过提供在科学意义上准确的、真实的、不带任何批判色彩的信息，传授有关性和人与人之间关系方面的知识。性教育对一个人的价值观和人生态度的形成具有重要的塑造作用，有助于培养其就有关性的诸多问题做出决策、进行交流和减少风险的能力[②]。由此可以看出，联合国教科文组织并不主张把性教育当作简单的性知识的教育，更多的是对受教育者的性心理、性道德、性法制和性保护等内容的教授。

---

① DEBRA W, HAFFNER, M P H. From diapers to dating: parent's guide to raising sexually healthy children [M]. Beijing: Jieli Publishing House, 2004: 15.

② 联合国教科文组织. 国际性教育技术指导纲要［EB/OL］.（2010－06－04）［2020－08－20］. https://www.taodocs.com/p－55517417.html.

（二）性教育计划（Sexuality Education Programme）

从性教育的发展历史看，"性教育"（Sex Education）①这个概念在1912年国际卫生会议上首次得到使用。美国是世界上最早实施性教育的国家，其采用综合型性教育和禁欲型性教育相结合的教育计划；瑞典采用通过电视实施"避孕教育"的性教育计划②；荷兰采用"父母之夜"和"爱情万岁"等性教育计划③……每个国家根据本国的需求制订了适合本国国情的性教育计划。从2000年开始，新加坡教育部根据本国的国情陆续向小学高年级、中学及预科阶段的学生颁布了"成长岁月计划"和"授权青少年计划"两个性教育计划④。本书在分析新加坡性教育时主要以这两个性教育计划为研究和分析的对象。

四、文献回顾

通过对国内外相关文献的梳理，关于中国-新加坡性教育的比较研究在我国学术界尚处于一个全新的研究领域。为此，本书主要围绕中国性教育、新加坡性教育综述如下：

（一）关于中国性教育的研究

中华文明历史悠久，在宋代以前人们对性的态度和性教育的态度都较为开明。早在东汉建初四年（公元79年），由班固所著的《白虎通德论》（别名《白虎通》）中就记载在当时男性贵族子弟就读的学宫辟雍除学习各种技艺外，按规定还必须进行性教育，这是中国最早的关于学校性教育的记载⑤。宋代以来受封建意识的影响，中国性教育起步晚、起点低、动作小，直到1988年国家教育委员会和国家计划生育委员会联合发布了《关于在中学开展青春期教育的通知》，才正式拉开了性

---

① 张庆会. 美国学校青少年性教育研究[D]. 南昌：江西师范大学，2006：23.
② 瑞典性教育的核心：避孕[EB/OL].（2007-09-19）[2020-08-20]. http://blog.sina.com.cn/s/blog_4e4d65f401000bj8.html.
③ 荷兰性教育从4岁开始[EB/OL].（2015-04-23）[2020-08-20]. http://health.people.cn/n1/2017/0926/c14739-29559182.html.
④ Singapore Ministry of Education. Sexuality education [EB/OL].（2016-05-18）[2020-08-20]. https://www.moe.gov.sg/education/programmes/social-and-emotional-learning/sexuality-education.
⑤ 吴涛.《白虎通义》教育观浅述[J]. 学理论，2011（9）：82-83.

教育的序幕。关于中国当代性教育的研究，有学者对2008—2018年来国内性教育的文献进行了计量学分析，发现性教育相关研究每年的发文量都维持在较高的水平，这反映了性教育相关问题仍是当下社会热点。近10年来的性教育相关研究主要集中在青少年和大学生群体的性知识、性行为、性观念等内容[1]。具体而言，国内关于性教育的研究，主要集中在以下三个方面：

1. 性教育的发展历程

关于性教育的发展历程，有几种不同的观点：一种是以中华人民共和国成立为界，将中华人民共和国成立以来的性教育发展阶段，按照不同时期的特点分为三个阶段：性教育的紧闭阶段（1949—1977年）、性教育的兴起阶段（1978—1987年）、性教育的发展阶段（1988年至今）[2]；另一种观点则认为，性教育作为一个现代教育领域的学科（或课程）到了20世纪才出现，其发展历程主要分为现代性教育的启蒙阶段（20世纪初）、现代性教育的禁闭阶段（1949年中华人民共和国成立至1976年"文革"结束）、现代性教育的兴起和发展阶段（1977年至今），其中第三阶段又可以细分为性教育的兴起阶段（1977—1987年）、性教育的发展阶段（1988年至今）[3]。

2. 性教育存在的主要问题

从当前情况来看，我国性教育存在的问题主要表现在以下几个方面[4]：

① 针对青少年性教育活动开展得比较晚，与孩子的早熟来讲相对滞后。

② 性教育开展得不够"透"，教育内容落实不到位，只教给学生一些生理知识，缺乏性道德教育，在性病防治的教育上比较缺乏。

③ 学校性教育活动应付现象比较严重，教材内容枯燥乏味，不纳入教学考核指标。

④ 在很多家庭中，性教育活动几乎空白，绝大部分家长不知道该如何教育自己的孩子，农村留守女孩更是得不到关心和教育[5]。

---

[1] 杨婕. 2008—2018年国内性教育相关研究的文献计量学分析 [J]. 天津中医药大学学报，2020（5）：547–551.

[2] 靳琰. 中国与瑞典、美国学校性教育比较研究 [D]. 上海：华东师范大学学位论文，2007：5.

[3] 吴薇. 中美两国青少年性教育比较研究 [D]. 长春：东北师范大学，2006：6–8.

[4] 曾燕波. 青春期性教育问题与探讨 [J]. 当代青年研究，2016（2）：100–104.

[5] 郑伟. 青少年的性问题与性教育 [J]. 中国计划生育和妇产科. 2019（11）：6–7，16.

3. 性教育模式

性教育模式是指在一定的性教育思想、理论的指导下，在某种环境中建立起来的相对稳定的青少年教育活动程序及方法的策略体系①。针对不同的教育对象和层次，学者们提出了不同的教育模式：

① "4 类人群+4 个层次"的小学生性健康教育模式②。该模式旨在以小学生为中心，通过建立家校联合、辐射社会的服务对象群，并在小学生个人、家庭、学校和社会等多个层面开展性教育活动，从而扩大性健康教育的辐射范围，进而促进小学生性健康教育环境的改变。

② 高校性教育模式。学者潘丽萍和王秋芬在探讨了网络环境下大学生性爱观的基础上，提出了 5 种高校性教育模式：丰富课堂教学、校园文化的性教育模式；同伴教育的性教育模式；心理咨询的性教育模式；网络媒介的性教育模式；社会、家庭、学校构建三位一体的性教育系统模式③。

③ 赋权型学校性教育模式。该模式主张让学生提升自我处理问题的能力，承担责任，促进态度与价值的成长和进步④。

（二）新加坡性教育研究

2004 年，新加坡教育部制定了一系列性教育方案，并设计了一套多媒体性教育教材《成长岁月系列》，该教科书分别针对小学、中学等不同年龄的学生进行性知识的普及⑤。国内关于新加坡性教育的研究较少，已有研究主要集中在以下几个方面：

① 性教育的理念。新加坡教育部前部长黄永宏认为，性教育需要在主流社会价值观的背景下进行，主流价值观就是鼓励异性夫妻培养健康的关系，建立稳定与代代相传的家庭，因而新加坡政府不接受滥交或者性方面的不同尝试，也不接受推广同性恋⑥。基于这一理念，新加坡政府十分注重青少年的道德教育，将本国

---

① 郭新丽，刘良华. 美国的性教育模式及其启示 [J]. 外国中小学教育，2018（11）：28-35.
② 杨梨，崔永鸿. 健康中国背景下小学生性健康教育模式构建 [J]. 中国学校卫生，2020（5）：645-647.
③ 潘丽萍，王秋芬. 网络环境下大学生性爱观及高校性教育模式探讨 [J]. 中国学校卫生，2011（3）：344.
④ 方刚. 赋权型性教育：让学生学会管理性——中学性教育传统观念的颠覆与现状分析[J]. 人民教育，2013（21）：34-37.
⑤ 辛蕾. 关于小学生性教育的研究 [J]. 科教导刊（下旬）. 2018（21）：122-123.
⑥ 周国瑞. 新加坡教育部拟加强性教育管制 [J]. 基础教育参考. 2009（8）：31.

的性教育与公民教育和品格教育紧密联系在一起，许多政策也都建立在这个基础上。到 1999 年，已经有 9 000 名公民接受了性教育课程，产生了良好的效果①。

② 性教育的主体。新加坡教育部强调，家长应该为孩子的性教育负主要责任。教育部与学校将分别在各自的网站上发布学校性教育的宗旨、内容、对具争议性课题的立场以及校外机构提供的性教育课程内容，供家长查阅。校方也将在每学年开始时，以书面通知的方式告诉家长学校的性教育课程内容，并在聘请校外机构时通知家长讲座内容等。

③ 性教育课程。新加坡教育部的性教育课程，涉及两种主要的性教育流派，即性纯洁教育（abstinence-only-until-marriage education，简称 AOUME）和全面性教育（comprehensive sexuality education，简称 CSE）。基于相互竞争的文化、政治和宗教信仰，AOUME 和 CSE 倡导者之间的论点不仅呼应其他国家的类似辩论，而且揭示了面对文化和经济全球化的新加坡"全球城市"野心的变迁②。从课程论的视角来看，新加坡教育部制定的"以儿童为中心、学校－家庭－社区三方协调"的性教育课程——"成长岁月计划"和"授权青少年计划"从儿童身心发展的实际出发，在课程主体上，创生了暗合个体心理发展的"由我及人"的认知逻辑；在课程内容上，构建了契合学生体验的"生命－生活－生态"的圈层逻辑；在课程形式上，设计了符合学生学习特点的"主题－课题－问题"的形式逻辑，开创了性教育的新范式③。

述评：通过以上对国内外近十年相关文献的检索及梳理发现，目前我国对国外性教育的研究尚处于不足状态，已有研究主要集中于美国、瑞典及英国等西方发达国家，涉及亚洲的性教育政策或指导方针的文献极少，还没有形成系统的性教育研究且完成的相关论著也较少。关于中国－新加坡的性教育比较研究仍然是学术界一个崭新的研究议题。本研究以中国－新加坡性教育为研究对象，主要分析中国与新加坡在性教育发展历程、性教育方案、性教育目标和内容、性教育实施的途径、性教育方法、性教育的特征和效果等方面的异同，在此基础上，反思我国性教育的不足、总结新加坡性教育带给我国的启示，以期为我国性教育事业

---

① 佚名. 国外学校性教育出奇招 [J]. 平安校园，2017（11）：78－79.
② LIEW. Sex（education）in the city: Singapore's sexuality education curriculum [J]. Discourse: Studies in the Cultural Politics of Education，2014（5）：705－717.
③ 杨素萍，刘玉婉. 新加坡中小学性教育课程的人本逻辑 [J]. 教育研究与实验，2019（5）：51－57.

的发展提供更多的思路和参考。

五、研究思路与方法

（一）研究思路

本研究旨在通过对中国－新加坡性教育的研究与分析，总结归纳出有益经验，为我国性教育事业的发展提供有益借鉴。首先，本书先对中国－新加坡历史发展过程中性教育的发展脉络进行了梳理和回顾，使读者对中国－新加坡性教育的发展状况有所了解。其次，分别对中国－新加坡性教育的目标、内容、实施等进行深入的介绍与分析。在此基础上，总结中国和新加坡性教育计划的特征及效果，为我国性教育的发展提供参考性的思路和建议。

（二）研究方法

在研究方法上，本研究主要采用了以下几种方法：

1. 比较研究法

通过对中国－新加坡性教育的比较研究，探求性教育发展的普遍规律与特殊规律，总结出其特征，同时以我国的历史背景、文化观念和性教育发展状况为基础，并结合我国性教育发展的具体情况进行对比分析，总结出对我国性教育发展的启示经验，以期促进我国性教育的完善，为探索具有我国特色的性教育发展道路提供参考和借鉴。

2. 文献研究法

文献研究法是本书写作过程中采用的主要研究方法。主要途径有：第一，从所在学校的图书馆、广西壮族自治区图书馆及国家图书馆，获取相关的书面资料。第二，查阅中国知网、百度学术、维基百科、万方、相关外文数据库及新加坡教育部官网等国外相关网站，获取相关的电子文献资料。通过以上方式对中国和新加坡性教育的相关文献资料进行收集，进而对文献资料进行严格的分析、研究和整合，以此作为本研究的基础。

3. 案例研究法

教育学中的案例研究法主要是以教育实例为研究对象，研究者通过对性教育案例进行研究、分析、思考和总结，从而获取性教育的新感悟和新经验，以此充实性教育的新理念，促进性教育的新发展。为了更清晰地阐述中国－新加坡性教育计划的内容及在中小学的实施情况，本研究采用案例研究法，分别从中国和新加坡选取不同的学校作为案例，深入地分析中国和新加坡性教育的不同阶段在学校的实施情况，以此充实本研究的内容。

4. 历史研究法

历史研究法有助于揭示事物发展变化的一般规律，研究者通过分析事物的历史演变脉络，从中总结出事物发展的变化趋势和规律。因此，本研究以中国－新加坡性教育的发展背景为研究的脉络，逐步对中国－新加坡性教育的发展、历史演变进行全面系统的分析和整理，以求梳理并总结中国－新加坡性教育发展的不同以及新加坡性教育之所以取得快速发展的规律，从而为我国性教育的发展提供借鉴和启示。

六、研究创新点

（一）以中国－新加坡为比较研究的对象，拓展了性教育研究的空间范围

目前在学术界关于性教育的经验借鉴类研究成果中，借鉴来源多集中于以美国、英国、瑞典等为代表的西方发达国家。这些发达国家的性教育由于经历了较长的发展历程，基础比较扎实，而中国的性教育起步较晚、基础较弱，且东西方文化差距较大，可供借鉴的经验其实很少。同时，现有经验借鉴类研究成果多集中于性教育某一方面的具体问题展开，虽然具体维度的经验研究提升了借鉴的可操作性，但却缺少了关于性教育开展的系统性、本源性思考和规律性认知，容易陷入技术理性和"头痛医头、脚痛医脚"的误区。新加坡与我国同属亚洲国家，具有相似的文化环境，且两国的教育体制均属国家推动和政府主导下的教育体制，因而新加坡性教育发展的经验更加契合中国国情，对我国更具有借鉴意义。本书以中国－新加坡性教育作为研究对象，在一定程度上拓展了国内性教育领域研究空间的范围。

（二）立足于本国性教育发展的现状及需求，丰富了性教育的内容和理论体系

截至目前，国内对新加坡性教育的研究仍然十分有限，系统且全面地研究中国－新加坡性教育比较的更是缺乏。本书立足于我国性教育发展的现状及需求，

深入分析新加坡性教育的基本思维和整体设计，探讨新加坡的全面性教育框架、详细的性教育课程标准和付诸实施的专业性教师等做法是如何贯穿其中小学性教育课程的，在此基础之上，较全面地对中国－新加坡性教育的发展历程、性教育方案、目标、内容、方法及实施效果进行了分析，为我国性教育的发展特别是如何将性教育融入学校的课程提供了有效的借鉴经验。从这一角度而言，本研究丰富了我国性教育的内容和理论体系。

第 1 章

中国-新加坡性教育发展历程比较

本章首先运用文献法和历史研究法,对中国和新加坡性教育发展的历程进行梳理,以期为后续的研究打下扎实的基础。

第一节 中国性教育的发展历程

中国历史上曾有过相当长的性开放时期,从原始社会一直延续到汉唐,人们都对性抱着自然、开明的态度[①]。中国性文化和性教育思想早在公元前500年左右孔子分析《诗经》中有关男女爱情的诗歌中就得以体现。这种情况在宋代发生了改变,程朱理学提倡"存天理,灭人欲",大大阻碍了性教育的发展。在此之后,中国社会对所有涉及"性"的相关事物、话题在公开场合都避而不谈,非常忌讳。

虽然在很长一段时间里,中国社会对性保持着禁锢状态,但这并不意味着在古代我国就没有性教育。与之相反,中国历史上留下了大量的有关性内容的文字记载。这些文字记载不仅体现在文学美术方面,在哲学、史学、军事、医学等论著、书籍中也有相关的表述。如:早在《周易》中,就有关于性的论述,它强调性交是一切生命的基础,是合乎天地阴阳之道的。而在《黄帝内经》《养生方》《房中八家》等作品中也记载有大量的性学知识,如性交过程的准备、性与优生、性与养生、手淫、遗精等。

春秋战国时期,随着生产力的提高、经济和科学技术的发展,新的社会阶层

---

① 刘达临,胡宏霞. 性学十三讲[M]. 珠海:珠海出版社,2008.

产生，社会处于变革时期，思想观念活跃，形成诸子蜂起、百家争鸣的局面。其中也包括对性观念的争鸣，并处于较重要的地位。有的学者将这一时期的性观念争鸣分为无欲论、节欲论和纵欲论三类，并认为老庄学派持无欲论、儒家持节欲论，而属于道家的杨朱持纵欲论。后世推崇孔孟之道，通过打着孔孟之道招牌的旧礼教来实行残酷的性禁锢与性压迫。其实，春秋战国时期的儒家对包括性欲在内的人们的欲求还是抱着一种比较客观、合理的态度。儒家学说认为，人们存在各种各样的欲望是非常正常而又自然的，但是他们主张对待欲望要有节制。对于人们正常的性欲，儒家也是持肯定的态度，我们可以从"饮食男女，人之大欲存焉"，"食色，性也"等儒家名言中看出他们的观点。但是孔子又提出，各种欲望若是不加以合理的节制，对人们的损伤也是很大的。到了荀子时代，他发展出了对于人们欲望合理控制的系统观念。儒家提倡人要合理地节欲，反对"止欲""寡欲"等违反人类情性的论调[①]。

汉代出现的《素女经》涉及的范围较广，如女性生殖器的构造和生理功能，性交的准备及过程和各种性交姿势，性交与人体健康的关系等。随后的朝代也相继出现了不少类似的著作，如：《素女秘道经》《洞玄子》《玉房秘诀》《房内秘诀》等。据统计，自秦汉至宋代，有关房中术的著作就达30多部、390多卷。这些都反映了当时社会性教育的发展，而家庭性教育也是自古就有。史载，汉代以后，逢女儿出嫁，母亲都会通过言传或将房中书（图）作为嫁妆告诉女儿房内生活，即夫妻生活。

在学校里进行性教育起源于汉代。据《白虎通·辟雍》载：贵族男子15~20岁，进入辟雍（官办学宫）受专门教育，除学习骑射、礼仪、音乐等外，还要学习青春期性生理知识和心理卫生知识。中国封建社会经历了秦、汉、魏、晋、南北朝时期的发展，到隋、唐、五代期间进一步确立了儒家思想的地位。尤其是在唐代社会，由于经济、政治繁荣，与其他朝代相比较，统治与压迫相对较轻，人们的思想较为开明，婚姻与性也不像后世控制得十分严格。在唐代以前的中国古代社会，人们对待性的态度可以看作较为开明的，但是在宋朝以后，由于封建统治者提倡程朱理学，将房中术视作"诲淫败俗"，并在社会上群起而攻之。为适应这一政治需要，"道学"或"理学"产生了。理学提倡的"存天理，灭人欲"的

---

① 靳琰. 中国与瑞典、美国学校性教育比较研究 [D]. 上海：华东师范大学，2007：16.

思想贯穿于社会各个领域，使人们对性的需要处于空前的压抑与禁锢之中，加深了对女子的束缚与控制，而且是中国历史上最为严重的时期，与唐代相比人性严重地被扭曲。自宋朝以来到封建社会结束，统治阶级对人民的束缚越来越严酷，使得中国人对性产生了违背人性的认识和态度，使得性成为难登大雅之堂的话题，而性教育在当代中国难以开展和被人们认同，则与受到这种传统文化与观念的较多影响有密切关系。这也导致了在宋朝时期，性学知识研究及性教育走向低谷。到了清朝，性教育的发展几乎为零，"性禁锢"思想处于支配地位，尽管性教育在民间采用"暗示"的方式（如上文提到的，由母亲在女儿出嫁前，给女儿出示性生活图像及器物）进行，但是性学研究却长时间得不到重视和发展，致使当时的人们遵从三从四德，遵从去情欲、远声色，遵从失节事大等理学思想，深遭其毒害[①]。

综上所述，我国的性教育自古就有，只不过在教学的对象、学习的内容、教学的方法途径以及目的上有所不同罢了，所以不能否认性教育在我国古代时期就存在的事实，但"到19世纪末，有关性学的文字记录中尚未见到有明确提及性教育"[②]。20世纪初，随着西方先进思想、文化和制度的传入，很多有识之士受此影响致力于求新求变，禁锢的思想也得到启发，在此过程中，也影响了他们的性观念与性主张。因此，中国真正意义上的近现代性教育应从20世纪初开始[③]。

自五四新文化运动以后，我国受西方先进思想影响的一大批有识之士向社会提倡和宣传性教育。1920年，张竞生主张节育和避孕，1921年10月至1926年在北大担任教授期间，在大学课堂上将性心理问题与美育结合起来。"周氏三兄弟"对中国现代性教育的贡献不可忽视。例如1909年，鲁迅无视封建观念的束缚，在浙江两级师范学堂教授生理卫生课程时，讲解了生殖系统结构知识。"周氏三兄弟"在各自的文章中都公开表明了自己对于中国性教育的观点，并在文章中呼吁和提倡发展中国性教育。此外，潘公展、潘光旦、陆费逵等学者都发表过涉及性教育的相关译著和文章。这些有识之士推动了当时性教育的发展。1922年，山格夫人来华公开宣讲节育和性健康教育，推动了中国20世纪初的节育、优生和性教育的发展。

---

① 吕欣欣. 论当代中国青少年性教育 [D]. 海口：海南师范大学，2007：6.
② 陈永生. 清末民初我国学校性教育述略 [J]. 中华医史杂志，1993（1）：6–11.
③ 朱梅. 20世纪初中国的性教育 [J]. 南京大学学报（哲学·人文科学·社会科学版），2001（1）：149–154.

但真正的性教育在中华人民共和国成立以后才得以实施。1949年中华人民共和国成立后,中国性教育的发展经历可以划分为四个阶段:"性教育的禁闭阶段(1949—1977年)、性教育的萌动阶段(1978—1987年)、性教育的发展阶段(1984—1993年)和性教育的推广阶段(1994年至今)"[1]。

一、性教育的禁闭阶段(1949—1977年)

自1949年中华人民共和国成立后,党和国家领导人十分关心青少年性健康教育问题,为青少年性健康教育的发展提供了一个契机。毛泽东、周恩来等领导人在多次会议上提倡对青少年实施性教育。如在1957年的八届三中全会上,毛泽东就主张在中学增加一门节育课程[2];1954年,在北京的大学毕业生讲话中,周恩来就明确提出要打破中国人对性的神秘感,对青少年实施性教育;1954年,时任中央人民政府副主席的刘少奇同志在有关节育问题的座谈会上指示,卫生部可以卫生常识名义专门编写一些技术性的小册子[3];1962年,国务院总理周恩来指示,医务工作者一定要把青春期的性卫生识教给男女青少年,让他们能用科学的知识来保护自己的健康,促进正常发育[4];在1963年的全国卫生科技规划会议上,周恩来再次强调对青少年进行性教育,还进一步指出了学校性教育的重要意义、实施方式和教材内容。

根据这一时期的指导思想,中学生物教学开始渗透性教育。人民教育出版社结合教育部颁布的中学生物教学大纲要求,在出版的教材中增加了关于性生理和性卫生的教学内容,主要讲授人的生殖系统结构、生殖细胞的形态、月经和排卵、受精、胚胎在母体内的发育、人体各个发育时期的特点、各发育时期的卫生保健等,占2～3课时[5]。

二、性教育的萌动阶段(1978—1987年)

1978年党的十一届三中全会之后,随着改革开放的发展和思想大解放,中国

---

[1] 刘文利. 中国青少年性教育的历史回顾和发展概述[J]. 中国青年研究, 2008(12): 9-12, 22.
[2] 朱广荣, 季成叶, 易伟, 马丽. 中国性教育政策回顾研究[J]. 中国性科学, 2005(3): 1-3, 15.
[3] 邵广侠, 刘晓苏. 中小学素质教育与学生发展状况研究[M]. 苏州: 苏州大学出版社, 2016: 160.
[4] 叶恭绍. 周总理关心性教育[J]. 父母必读, 1985(1): 10.
[5] 朱广荣, 季成叶, 易伟, 马丽. 中国性教育政策回顾研究[J]. 中国性科学, 2005(3): 30.

的性教育冲破长久以来的禁锢，开始获得长足的发展。性教育相关政策持续颁布，从政策层面推动性教育事业破冰发展。

1978年教育部颁布了《全日制十年制学校中学生理卫生教学大纲（试行草案）》，指出必须重视青春期生理卫生和晚婚、计划生育的教育[①]；1979年教育部和卫生部颁布了《中小学卫生工作暂行规定（草案）》，明确指出要加强青春期卫生教育；1981年教育部开始尝试在高中设置"人口教育"课程，以此为途径对学生进行性生理知识和人口学知识的教育；1984年教育部、卫生部、国家计划生育委员会又联合颁布了《教育部、卫生部、国家计划生育委员会关于改进和加强中学生理卫生知识教育的通知》。这些政策都强调了在学校教育中青春期生理卫生知识教育的重要性。由于国家层面包括教育部、卫生部等部门发布的部分文件中，出现了较为明确的涉及性教育的内容阐述，于是部分学校和地区据此开展了一系列的关于青春期性教育的试点研究，生理卫生知识教育、青春期教育课程也在部分地区学校设立。

与此同时，这一时期由著名的儿童少年卫生学家叶恭绍教授及其他一些性教育提倡者，带动了中国性健康教育的发展以及研究。再加上医学界的吴阶平、刘达临、阮芳赋等著名专家学者的大力呼吁，推动了中国性教育的开展。

1982年，由吴阶平院士主持编译了我国改革开放后有关"性"问题的第一本著作——《性医学》。

1985年，刘达临教授等人在上海举办了首届全国性教育研讨会，组织人才培养，并投入社会宣传正确的性教育理念和知识，此举引起社会上的广泛关注。

1986年，"上海性教育研究协会"成立，并且提议要对青少年实行性教育。这标志着我国青少年性教育工作在学校的正式开始。同年，在北京开始了青年时期性教育的试点工作。随后，在我国的很多地区（主要是南部城市），开始调查学校性教育，并进行学校性教育的试点探索，获得了宝贵的经验，为实施青少年性教育奠定了实践基础。

1987年，吴阶平院士的文章《开展青春期性知识和性道德的教育刻不容缓》，"应视为具有划时代意义的指导我国青少年性健康教育的纲领性文献"[②]。

[①] 刘文利. 我国中学性教育的历史和发展［J］. 生物学通报，1991（5）：2.
[②] 朱琪. 科学的性健康教育［J］中国性科学，2014（11）：3.

三、性教育的发展阶段（1984—1993年）

这一时期学校性教育开始倡导、兴起并进入较大规模实验和迅速发展阶段，突出表现在三个方面：

一是性科学研究兴起。在性医学、性心理学、性社会学等学科范围内都开始了有组织的研究。1988年吴阶平院士主持编撰的《中国性科学百科全书》，对我国性医学、性教育工作的开展具有里程碑意义。同年在上海召开"中学青春期教育现场会"，会议中提出实施性教育的步骤和具体方案。1989—1990年，由上海大学刘达临教授主持的"中国两万例性文明调查"并据此调查结果撰写的《中国当代性文化——中国两万例"性文明"调查报告》一书，对中国性科学的发展而言意义重大。

二是与学校性教育相关的论著和教材大量涌现。姚佩宽1986年编著出版了我国第一本青春期性教育的教学参考书《青春期教育》，1987年又编著出版了我国第一本青春期性教育的学生用书《青春期常识读本》，结束了我国学校开展青春期性教育"教师无教本，学生无课本"的局面[①]。1990年，刘达临教授等创办"文汇青春期教育刊授学院"，目的是向青少年开展正确、科学的性教育，培养教育师资，并编写了《青春期教育》教材。随后，在高校陆续开设了性教育课程。例如：20世纪90年代末华中师范大学开设性生物学专业选修课，中国人民大学开办了性科学讲习班，首都师范大学开设性健康教育选修课并可修得第二学士学位，这些都表明高校开始实施性教育课程，在某种程度上推动了性教育的发展[②]。

三是各地大规模地开展学校性教育试点工作。1985年，上海市将98所中学纳入第一步扩大试点计划。

四、性教育的推广阶段（1994年至今）

在这一阶段，从国外到国内、从政府到民间，我国性教育领域均发生了很多新的变化，主要体现在以下四个方面：

（一）政府层面，进一步完善和丰富了性教育政策并加以落实

1994年在开罗召开第三次联合国国际人口与发展大会之后，越来越多的政府

---

① 于杰, 阳德华. 新中国成立以来学校青春期性教育发展简述 [J]. 西部教育发展研究, 2006 (2): 73-74.
② 王雪婷. 改革开放以来中小学性教育内容演变研究 [D]. 沈阳: 沈阳师范大学, 2019: 29.

把生殖健康作为国家议事日程的重要组成部分,并掀起了全球范围内的青少年身心健康保护运动。中国把"以人的全面发展为中心"作为社会发展的重要目标,并在保护青少年性权利、推进学校性教育方面采取了一系列重要措施[①],完善和丰富了性教育政策,进一步明确了性教育的目的并在教学计划中加以落实:

2005年,教育暨青年局下属的"德育中心"成立,该中心的成立旨在推动青少年的品格与性教育、举办性教育导师培训等。

2008年,健康教育的授课时间与数量在刚出台的《中小学健康教育指导纲要》中有了明确规定,允许学生接触到相关的健康教育知识,并在初等、中等教育中实施性教育试点工作,打破了对性教育的固有看法,使性教育实质化,小学和中学的性教育发展成为必然趋势。

(二)行业协会层面,中国性学会在中国性教育的发展中发挥着越来越大的作用

1994年5月27日,中国性学会经卫生部批准成立。之后,中国性学会一直致力于性教育的推动和普及,在中国性教育的发展中发挥着越来越大的作用:

2018年6月,在中国性学会的努力下,我国第一批性教育工作者拿到性教育讲师国家证书[②]。

2018年12月15日,在北京召开了由中国性学会和《中国性科学》杂志主办的"首届中国性学家大会"。

2019年7月5日,中国性学会第五届性教育专业委员会在湖北省武汉市风景秀丽的华中科技大学校园内隆重召开。本次大会围绕"性健康与性教育的社会化"的主题,从理论到实践、从历史到发展前景、从困境到挑战、从学校性教育到社会性教育、从国内现状到国外经验,多方位地进行了深入的探讨与交流,并对"性教育——性学家的责任与担当"展开了研讨。

2020年,新冠肺炎暴发期间,中国性学会利用各种网络直播平台开展了形式多样的直播活动:《幸福大讲堂——让我们来谈性教育》、中国性学会培训认证部开展的公益性教育讲座项目"性教育大声说"等。

---

① 刘文利. 我国中学性教育的历史和发展 [J]. 生物学通报,1991(5):3.
② 今年全国首批70多人拿到性教育讲师国家证书,"持证讲性"是种什么体验 [EB/OL]. (2018-11-21) [2020-08-25] http://js.zjol.com.cn/ycxw_zxtf/201811/t20181121_8797732.shtml.

2020年6月1日下午，由中国性学会联合"健康中国"政务新媒体平台以及健康报联合主办的"性教育大声说"六一儿童节特辑——"性教育专家教你如何呵护儿童性健康"直播互动节目，在健康中国和《健康报》"医直播"平台进行了直播[①]。本次直播由中国性学会会长姜辉教授亲自担任主持。在简短介绍了本次活动的意义以及我国在儿童青少年性教育的"欠账"与不足之后，姜辉教授对话中国性学会青少年性健康教育专委会主任委员张玫玫教授，从家长关心的角度去介绍如何开展家庭性教育，孩子问的一些敏感问题家长应该如何正确引导。姜辉教授和张玫玫教授都强调，在儿童性教育中家长是第一责任人，要注重言传身教，主动学习性知识。接着，刘文利教授也就家长们非常关心的儿童性安全的问题，做了全面和细致的梳理，提醒家长和老师，在做好性安全教育的同时，也要明白防性侵的教育不是性教育的全部，性教育是生命的教育，也是爱的教育，有着丰富的内容。最后，童老师介绍了自己的性教育经验，也告诉了广大家长如何利用现有资源开展性教育，让家长能够掌握一些性教育的基本原则和方法。该活动旨在通过专家和老师的宣讲，让更多人了解和认识性教育。

另外，由中国性学会青少年性健康教育分会主办的公益讲座"家庭性教育"也累计开展了5期，共有1 000人跟随中国性学会的专家和老师学习和进步。

（三）教育层面，各种教育试验、教材建设及师资培训都得到加强，大规模调查研究也开展起来

2009年，首都师范大学编写《北京市中小学学校性教育大纲（草案）》，该草案是中华人民共和国教育史上60多年来，唯一正在执行的官方性教育主题教案，北京的性健康教育重新起航。

2011年10月，上海市首套中小学性别教育教材《男孩女孩》正式在上海理工附小投入使用，并得到了孩子们的认可，打破了性健康教育无教材的窘境。2012年4月11日，《上海市青少年发展"十二五"规划》在上海市政府新闻发布会上公布，"青春期性知识教育"已被首次写入上海市青少年发展五年规划，体现了政府部门对青少年性健康教育的重视与关注[②]。

---

① 童立. 中国性教育：实干，推动与发展[J]. 中国性科学，2020，29（6）：3.
② 熊华. 初中"性健康教育"校本课程开发与实践研究[D]. 成都：四川师范大学，2020：7.

（四）社会层面，各种公益组织逐渐发展壮大

虽然我国性教育事业尤其是青少年性教育在一定程度上得到发展，但是，我国青少年性教育仍然面临的现状是："青少年性教育滞后"①。具体表现为："青少年性早熟但性教育滞后；学校性教育依旧发展缓慢；父母支持性教育但害怕成为教育者，青少年性实践超前但性观念落后。"②在这一背景下，很多社会性的公益组织逐渐发展起来，成为性教育领域一支重要的补充力量，从侧面促进了青少年性教育的发展。

2013 年"女童保护"公益组织成立，其组织是由社会爱心人士所组建，教育对象是中小学的青少年，其课程实施是在中小学范围内。该组织成立至今，已在全国多个省份开设性教育课程，还与教育局、地方妇联、团委等部门合作，培训当地教师授课，使得儿童防性侵教育覆盖面大大拓宽。除线下教授讲课之外，还定期在线上进行培训和讲座。同年，方刚教授举办"全国首期中学性教育夏令营"，教育对象是 12~15 岁的初中生，教学目标包含了解青春期性生理和性心理发育；解决性困惑；学会预防性侵犯和性骚扰；正确处理情感问题等内容。这些有关性教育的社会活动成为学校性教育的延伸③。

第二节　新加坡性教育的历史脉络

新加坡是东南亚的一个城市型岛国，地处马来西亚半岛的南端，紧靠马六甲海峡，其领土由新加坡岛和 63 个其他小岛屿组成，国土总面积为 718.3 平方公里。新加坡从 1824 年正式成为英国殖民地，隶属英属印度殖民当局管辖。1942 年又被日本占领，新加坡进入历时 3 年的日治时期。"二战"结束后英国再次回到新加坡，新加坡再次成为英国的殖民地。1959 年开始迈向自治，新加坡自治首任邦政府于 6 月 5 日宣誓就职，李光耀出任新加坡首任总理。1963 年新加坡脱离英国的殖民统治，加入马来西亚。1965 年 8 月 9 日，新加坡脱离马来西亚，

---

① 刘玉娟，王向明，陈文坤，汪雪梅，孟杰，景延鹏. 思想道德修养与法律基础实践教程 [M]. 北京：国家行政学院出版社，2013：141.
② 王曦影，王怡然. 新世纪中国青少年性教育研究回顾与展望 [J] 青年研究，2012（2）：48-95.
③ 王雪婷. 改革开放以来中小学性教育内容演变研究 [D]. 沈阳：沈阳师范大学，2019：31.

正式宣布独立，成为一个有主权、民主和独立的共和国。建国伊始，新加坡政府就把提高国民道德的整体水平视为民族振兴的重要因素，把青少年的道德教育与公民素质教育作为政府和教育部门的一项重要职责。这一战略性的认识和实践，净化了社会道德风气，提高了青少年的道德素质，为性教育的顺利进行奠定了良好的道德基础。

一、性教育的边缘期（1970—1980年）

20世纪70年代至80年代，新加坡的性教育独立于政府管理，处于自由放任的状态，处于国家中心地带的社区承担了开展性教育讲座的任务。1973年，医生及计划生育部门的工作人员针对青少年性教育进行了会谈，社会媒体对本次会谈进行了广泛宣传。本次会谈针对学生的性欲望做出了明确的规定：学生要么抑制其性欲望，要么将性欲望以锻炼等方式为出口排解出去。总而言之，本次会谈奠定了新加坡性教育的基调——婚前禁欲主义，也为后来新加坡性教育的发展提供了指导方针。在20世纪70、80年代，虽然社会上有个别具有先进意识的专家学者，如社会科学家NAlla Tan等，认为对青少年进行性教育是十分必要的，并且呼吁教师和家长给予青少年性教育足够的重视。然而，处于70、80年代的新加坡，经济建设是国家的焦点和重心，学校将教授学生工业化发展所需的知识和技能作为教学重点。教育的最终目标放在了学生的就业上，而非学生价值观的培养和精神世界的构建上。因此，该阶段的性教育是国家和社会决策从不予以考虑的命题，处于学校教育的边缘地带。

二、性教育的初步发展期（1980—1990年）

20世纪80年代至90年代，社会上的专家学者、医生等专业人员强烈要求为新加坡青少年建立一套完整的性教育体系，该体系要求教授青少年性知识、性行为、性健康等各种信息，还教授青少年与异性之间如何建立健康、负责任的关系以及堕胎、性病传播等性知识。但专家学者的要求与刚刚起步的学校性教育发展状况严重不匹配，学校性教育根本无法满足专家学者的要求。该阶段的学校性教育只是隐含在"道德和宗教教育"的课程内，除此之外，还分散在小学和中学的普通课程中，如小学的健康教育课、科学课、公民和道德教育课、关怀课以及中学生物课的个别章节内容中。该阶段新加坡的性教育已经进入学校领域，也部分体现在中小学的课程内容中。

值得注意的是，在这个时期，外部提供者小组进入学校领域。新加坡教育部于 2009 年制定了学校聘请外部提供者小组补充学校性教育计划的政策。因此，该阶段学校在聘请外部提供者补充学校性教育课程方面具有很大的自主性。另外，新加坡计划生育协会（Singapore Family Planning Association，简称 SPAA）等组织为教师和学生提供了性教育诊所，性教育的重心从社区转移到学校，促进了新加坡青少年性教育的发展。然而，该阶段新加坡教育部关于青少年性教育仍缺乏专门的指导方针与计划，性教育仍然属于社会服务部门主管，并未被纳入政府部门的管辖范围内。

综上所述，20 世纪下半叶，新加坡性教育的转变主要集中在两个方面：其一，对性教育的管理由私人或社会部门转变为公共部门；其二，性教育的内容较之前更为开放。

三、性教育的高速发展期（1990 年至今）

新加坡性教育真正得到国家重视并大力发展开始于 20 世纪 90 年代以后。随着全球化的飞速发展和互联网的普及与应用，青少年可以有更多的途径获得性信息。至此，新加坡传统的性道德文化遭到了全球性自由文化的严重冲击，新加坡的青少年由于性产生的问题也越来越普遍，青少年的性教育问题成为国家和社会普遍关注的重点。因此，教育部通过多年的探索，在收集了专家、心理治疗师、医生、教师、家长、学生等多方意见的基础上，新加坡教育部于 2000 年制订了以品德培养为基础的婚前禁欲式的性教育计划。

该计划制定了包含"家庭、学校和社会"三方在内的性教育框架，颁布了满足不同年龄阶段需求的性教育计划，即成长岁月（the Growing Years，简称 GY）计划和授权青少年（the Empowered Teens，简称 eTeens）计划两个具体的性教育计划。前者是一套指导方针，第一次明确规定了新加坡教育部针对青少年性教育方面将采取的教育理念和实际方法。后者是一种全面形成的性教育计划，包含新加坡性教育的指导思想与总体目标、框架与主题、主体内容及实施的原则、途径和方法。这两个计划将在新加坡政府主办的所有中小学校开展与实施，有其他宗教信仰的学校可在教育部制定的性教育指导方针和计划下选取适合本校宗教信仰的性教育内容。

该计划使用的教材是由多个教学资源包所组成的多媒体教材，由教育部编写并统一提供。该计划规定全国11～18岁的新加坡学生，根据年龄的不同，每年可接受2～5小时不等的性教育。除此之外，新加坡教育部还举办了培训课程，邀请心理学家、医药专家及教育学家，为负责教授性教育课程的教师提供专业的培训，帮助这些教师学习如何在学校对学生进行性教育。至此，新加坡的性教育进入正式的发展轨道。

第 2 章

中国–新加坡性教育方案比较

本章旨在从两国性教育方案的顶层设计上进行比较，但由于我国性教育方案主要体现在各阶段性教育政策的发展变化之中，所以关于我国的部分重点梳理各时期的性教育政策的变化，以期总结出我国性教育方案的总体思路。

■ 第一节　中国性教育方案

一、1949—1977年：没有明确的政策与法规

1949年中华人民共和国成立之后，党和国家领导人对于我国性教育有一定的重视，尤其是对青年学生的性健康问题以及性知识的普及方面。但是这一时期的政策与法规没有明确以性教育为内容颁布的。

这一时期的性教育相关政策与法规是《关于进一步加强中学生卫生教育的几点意见》。

二、1978—1993年：面向生理知识的性教育政策与法规相继出台

1978年党的十一届三中全会召开后，解放思想、实事求是的指导方针在中国的教育事业发展上产生了重要影响[1]。随着改革开放及社会经济的蓬勃发展，中国性教育事业的发展也随之得以提速。这一时期，与性教育相关的政策与法规相继出台：

---

[1] 陈静. 1978—2014年中国性教育政策分析[J]. 青年探索，2015（6）：70-74.

1978年，教育部颁布了《全日制十年制学校中学生理卫生教学大纲（试行草案）》，提出必须重视青春期生理卫生和晚婚、计划生育的教育[1]，主要要求学校重视和加强青春期生理卫生知识、性健康知识的教授，对青春期教育的内容、原则、方法等方面做了简明的指导。

1979年，教育部、卫生部颁布了《中小学卫生工作暂行规定（草案）》，提出"要上好生理卫生课。加强青春期卫生教育"[2]。同年，国家通过立法的形式对性犯罪做出了明确的规定，保障了青少年的性权益。

1981年，国家教委决定在高中开设人口教育课，目的是教育学生学习性生理知识和人口基础知识，虽然此时期重视青少年的性权益，但学校性教育工作并未真正落实[3]。

1982年计划生育政策被定为基本国策。同时，计划生育政策的相关内容也随着性教育开展。

1983年出台的《学校卫生工作规定》中指出：应将卫生与体育相结合，同时根据学生的生理特点进行体育锻炼，加强自身的身体素质，防止伤害事故的发生[4]。

1984年，教育部、卫生部、国家计划生育委员会联合发布了《教育部、卫生部、中共中央关于改革和加强中小学生理卫生知识教育的通知》，提出："中学阶段是学生身体逐渐发育成熟的时期，要结合生理、心理卫生教育适时地进行青春期道德教育。"[5]

1988年，国家教育委员会、国家计划生育委员会发布了《关于在中学开展青春期教育的通知》，标志着中学青春期教育工作开始实施。通知中明确指出："青春期教育包括性生理、性心理、性道德教育等三个方面，以社会主义道德教育为核心。开展青春期教育，要遵循严肃认真、积极稳妥、经过试点逐步推开的工作方针。青春期教育内容和要求上，要掌握适时、适度、适当的原则。"[6]同年，中

---

[1] 陈红英. 新编大学生心理健康教程[M]. 武汉：武汉大学出版社，2014：203.
[2] 中华人民共和国教育部, 中华人民共和国卫生部. 中、小学卫生工作暂行规定（草案）[Z]. 1979-12-06.
[3] 李鹰. 青少年性教育[M]. 济南：山东人民出版社，2006：33.
[4] 中华人民共和国教育部. 高等学校卫生工作暂行规定（草案）[Z]. 1983-08-03.
[5] 教育部、卫生部、中共中央关于改革和加强中小学生理卫生知识教育的通知[Z]. 1984-03-06.
[6] 中华人民共和国国家教育委员会, 中华人民共和国国家计划生育委员会. 关于在中学开展青春期教育的通知[Z]. 1988-08-24.

共中央发布《改革和加强中小学德育工作》中提道:"要结合生理、心理卫生教育,适时地进行青春期教育。"[①]

1990年,国家教育委员会、卫生部联合发颁布了《学校卫生工作条例》,提出:"学校应当把健康教育纳入教学计划。普通中小学必须开设健康教育课,普通高等学校、中等专业学校、技工学校、农业中学、职业中学应当开设健康教育选修课或者讲座。学校应当开展学生健康咨询活动。"[②]同年,国务院颁布了《中华人民共和国艾滋病预防和控制中期规划(1990—1992年)》,提出"开展预防教育工作是这个规划的基础。中学、大学的教师是最接近青年人的,国家规划中将根据情况为他们编制有关资料,由省级负责对他们进行教育和培训"[③]。

1992年,国家教育委员会在《九年义务教育全日制小学、初级中学课程计划(试行)》中提出:"青春期教育,初中主要结合体育(卫生保健部分)和生物(生理卫生部分)进行,其任课教师由学校根据实际情况确定。小学高年级根据需要,可以安排青春期教育的短期课或进行个别指导。"[④]同年,卫生部、国家教育委员会、全国爱卫会联合颁布了《中小学生健康教育基本要求(试行)》(以下简称《要求》),将青春期教育明确地概括为性生理、性心理和性道德教育三个方面[⑤],在性生理的基础上增加青少年性心理和性道德的内容,开始注重性教育所涵盖的多方面内容。《要求》提出:"使儿童青少年掌握一定的卫生知识,认识个人卫生习惯、营养、体育锻炼、防病保健、环境卫生、心理卫生、安全措施等诸因素与个体健康的相互关系及影响作用,逐步自觉地形成对自己健康负责的卫生观念。"[⑥]

1992年8月颁布的《九年义务教育课程计划》规定:"青春期教育在初中阶段要结合体育和生物进行,小学高年级根据实际需要进行安排。"[⑦]由于青春期性教育所包含的内容具有系统性、全面性的特点,将其内容纳入其他学科之中,具有一定的依附性,不利于发挥性教育的教学作用。

---

① 中国共产党中央委员会. 中共中央关于改革和加强中小学德育工作的通知 [Z]. 中华人民共和国国务院公报, 1988(28).

② 中华人民共和国国家教育委员会, 中华人民共和国卫生部. 学校卫生工作条例 [Z]. 1990-06-04.

③ 中华人民共和国国务院. 中华人民共和国艾滋病预防和控制中期规划(1990—1992年)[Z]. 1990.

④ 国家教育委员会. 九年义务教育全日制小学、初级中学课程计划(试行)[Z]. 1992-08-06.

⑤ 刘文利. 1988—2007:我国青少年性教育研究综述 [J]. 中国青年研究, 2008:51.

⑥ 中华人民共和国卫生部, 中华人民共和国国家教育委员会, 全国爱卫会. 中小学生健康教育基本要求(试行)[Z]. 1992-09-01.

⑦ 中华人民共和国国家教育委员会. 九年义务教育全日制小学、初级中学课程计划(试行)[Z]. 1992-08-06.

从一系列政策的发布来看，改革开放以来，我国政府在性教育发展上做出了很多积极的响应和改变，逐渐丰富了性教育的内容。此时期的性教育政策大多涵盖在生理卫生教育与道德教育之中，在相关的政策法规文件中，大多以"生理卫生教育""健康教育""青春期教育"为主语。学校是国家和相关部门提供性教育政策重点关注和支持的领域，重在传授学生性教育生理基础知识，帮助学生了解自身，健康度过青春期。

三、1994—2006年：以社会问题为关注点的性健康教育政策

"1994年第三次联合国国际人口与发展大会的召开，促使我国青少年性教育政策内容发生很大改变"①。关于生殖健康知识、预防性传播疾病、艾滋病等的相关内容成为性教育重点之一。

1994年，第八届全国人民代表大会常务委员会通过了《中华人民共和国母婴保健法》，提出："医疗保健机构应当为公民提供婚前保健服务。婚前保健服务包括：婚前卫生指导；婚前卫生咨询；婚前医学检查。其中，婚前卫生指导包括性卫生知识、生育知识和遗传病知识的教育。"②

1995年，国家计划生育委员会办公厅颁发了《中国计划生育工作纲要（1995—2000年）》，提出："在中学（农村在小学高年级）的有关课程中，要进行人口国情与青春期的教育。"③在各级学校中均大力发展青春期教育，目的是提高人民文化水平，转变婚育观念。

1996年，国家教育委员会颁布了《小学管理规程》，提出："小学的教育、教学活动安排要符合学生的生理、心理特点。要不断改善学校环境卫生和教学卫生条件，开展健康教育，培养学生的卫生习惯，预防传染病、常见病及食物中毒。"④

1998年，卫生部、国家计委、科技部、财政部等联合颁布了《中国预防与控制艾滋病中长期规划（1998—2010年）》，"将预防艾滋病列为青春期教育的重要内容"⑤，提出"各类高等和中等学校要将预防艾滋病、性病知识列为学校健康教

---

① 吴光芸，万洋，周钰箐. 基于倡议联盟框架的中国青少年性教育政策变迁研究 [J]. 中国青年研究，2018 (5)：110-118.
② 全国人民代表大会常务委员会. 中华人民共和国母婴保健法 [Z]. 1994-10-27.
③ 邵广侠，刘晓苏. 中小学素质教育与学生发展状况研究 [M]. 苏州：苏州大学出版社，2016：164.
④ 中华人民共和国国家教育委员会. 小学管理规程 [Z]. 1996-03-09.
⑤ 中华人民共和国卫生部，中华人民共和国国家计划生育委员会，等. 中国预防与控制艾滋病中长期规划（1998—2010年）[Z]. 中华人民共和国国务院公报，1998（29）.

育或人口与青春期教育的重要内容，向学生讲授预防艾滋病、性病的知识。普通高等学校和中等职业学校应在新生入学体检时，分别向学生发放预防艾滋病、性病健康教育处方"①。艾滋病的流行已严重影响了人类的健康，预防艾滋病、性病等成为青春期性教育中的重要部分。

1999 年，教育部在发布的《中小学心理健康意见》中指出："除青春期相关教学内容外，还应注重心理的发展变化。"②

2000 年，国务院发布的《关于加强人口与计划生育工作稳定低生育水平的决定》指出："中等以上学校开设青春期、性保健讲座或课程。"③通过相关政策的规定，使得学校性教育的实施有所依据。

2001 年，国务院颁布了《中国儿童发展纲要（2001—2010 年）》，提出："开展有关性病和艾滋病的危害、预防及自我防范知识的宣传工作；进一步重视在青少年中进行青春期教育、预防吸烟和吸毒的教育；重视儿童心理卫生知识的普及；在学校开设心理健康课程；逐步在大中城市和其他有条件的地方建立儿童心理咨询和矫正服务机构。"④

2001 年，国务院颁布了《中国妇女发展纲要（2001—2010 年）》，提出："通过宣传教育，在全社会树立正确的妇女健康观念，普及健康知识。以生殖健康为中心，普及生殖保健、优生优育、避孕节育知识。"⑤

艾滋病在我国每年呈现上升趋势，引起了中央政府的密切关注。其后陆续颁布的政策均包含预防艾滋病的内容，并提倡以多种形式开展预防艾滋病教育。

2001 年，国务院办公厅颁布了《中国遏制与防治艾滋病行动计划（2001—2005 年）》，提出："加强健康教育，普及艾滋病性病防治知识和无偿献血知识。乡镇、街道要将预防艾滋病性病的健康教育和宣传无偿献血知识纳入创建文明社区的内容。基层人口学校要普遍开展预防艾滋病性病、促进生殖健康的教育。要特别注重在青少年中开展青春期和性健康知识、艾滋病性病知识和无偿献血知识、禁毒

---

① 中华人民共和国卫生部，中华人民共和国国家计划委员会，中华人民共和国科技部，等. 中国预防与控制艾滋病中长期规划（1998—2010 年）[Z]. 中华人民共和国国务院公报，1998（29）：1105 – 1113.

② 中华人民共和国教育部. 关于加强中小学心理健康教育的若干意见 [Z]. 2000（6）.

③ 中国共产党中央委员会，中华人民共和国国务院. 关于加强人口与计划生育工作稳定低生育水平的决定 [Z]. 2000.

④ 中华人民共和国国务院. 中国儿童发展纲要（2001—2010 年）[Z]. 2001 – 05 – 22.

⑤ 中华人民共和国国务院. 中国妇女发展纲要（2001—2010 年）[Z]. 2001 – 05 – 22.

知识的普及教育，高等院校、中等职业学校、高级中学要对入学新生发放预防艾滋病性病健康教育处方、宣传材料（品），开设专题讲座；普通初级中学要将上述有关知识纳入健康教育课程。"①

2001年，全国人民代表大会常务委员会讨论通过了《中华人民共和国人口与计划生育法》，提出："计划生育、教育、科技、文化、卫生、民政、新闻出版、广播电视等部门应当组织开展人口与计划生育宣传教育。学校应当在学生中，以符合受教育者特征的适当方式，有计划地开展生理卫生教育、青春期教育或者性健康教育。"②

2001年，教育部颁发了新的课程标准——《义务教育课程设置实验方案》的通知，重要目标之一就是促进学生"健康地生活，健康地度过青春期"，为此提出："各门课程均应结合本学科特点，有机地进行思想道德教育。环境、健康、国防、安全等教育应渗透在相应课程中进行。"③

2001年，国务院颁布《遏制与防治艾滋病行动计划（2001—2005）》，其中指出："将艾滋病、性病预防知识纳入教学计划，通过课堂教学、讲座等形式向学生传授预防艾滋病知识，增强自我保护意识和抵御艾滋病的能力。"④

2002年，教育部、卫生部联合发布了《关于加强学校预防艾滋病健康教育工作的通知》，提出："将预防艾滋病健康教育纳入学校教学计划，落实初中、高中、大学学段预防艾滋病健康教育的教学内容和时间，通过课堂教学、专题讲座、播放多媒体教学片等多种形式开展预防艾滋病健康教育。将学校教育与社区预防艾滋病宣传教育工作有机结合，通过学生把相关知识传递给家庭以及社区其他成员，以带动社区预防艾滋病健康教育工作的开展。"⑤

2003年，教育部专门发布了《中小学生预防艾滋病教育大纲》，具体安排了各个年级所应学习预防艾滋病的上课时数及授课方式，"通过专题教育形式，使学

---

① 中华人民共和国国务院办公厅. 中国遏制与防治艾滋病行动计划（2001—2005年）[Z]. 2001 – 05 – 25.
② 全国人民代表大会常务委员会. 中华人民共和国人口与计划生育法[Z]. 2001 – 12 – 29.
③ 中华人民共和国教育部. 教育部关于印发《义务教育课程设置实验方案》的通知[Z]. 2001 – 11 – 19.
④ 彭涛. 中国性教育相关政策分析及建议[A]//北京林业大学性与性别研究所. 性与性别研究（第3辑）——学校性健康教育. 北京林业大学性与性别研究所，2011：5.
⑤ 中华人民共和国教育部，中华人民共和国卫生部. 关于加强学校预防艾滋病健康教育工作的通知[Z]. 2002 – 05 – 28.

生了解预防艾滋病相关知识、培养其健康的生活方式,增强自我保护意识和抵御艾滋病侵袭的能力。课时从地方课程中安排(初中 6 课时、高中 4 课时),建议理论教学与讨论活动的课时比例为 1∶1。根据学生身心发育的特点及当地实际情况,在保证教学目标完成的前提下,鼓励拓展与艾滋病预防相关的青春期教育等教学内容"[1]。由此可见,国家及相关部门对中小学预防艾滋病问题给予了高度的关注。

2004 年,国务院发布了《关于切实加强艾滋病防治工作的通知》,提出:"坚持面向群众、面向农村和经常性宣传教育与重点宣传教育相结合的原则,广泛开展多种形式的艾滋病防治宣传教育活动,特别是科普知识宣传教育活动。教育部门要将艾滋病防治和无偿献血知识纳入普通中学、中等职业学校和高等学校教学计划,落实教学课时。普通中学、中等职业学校和高等学校要深入持久地开展艾滋病防治和无偿献血知识宣传教育活动。医疗卫生服务机构、计划生育技术服务机构要采用咨询、发放宣传材料等方式,向就诊患者、服务对象宣传艾滋病防治和安全套使用知识。"[2]

2005 年,卫生部颁布了《全国健康教育与健康促进工作规划纲要(2005—2010 年)》,提出:"建立健全健康教育工作网络。完善健康教育与健康促进信息网络。按照《学校卫生工作条例》要求及相关规定,城乡各类学校开设健康教育课,开展多种形式的健康教育活动,加强健康行为养成教育。健康教育与健康促进纳入卫生技术人员医学继续教育内容。依照《中华人民共和国母婴保健法》《中国妇女发展纲要》和《中国儿童发展纲要》,开展多种形式的妇幼健康教育与健康促进活动,促进生殖健康的全面发展。开展健康教育与健康促进培训,提高各级各类卫生人员的健康教育工作能力与水平。将人员培训纳入单位考核机制,定期进行考评。"[3]

2006 年,国务院颁布了《艾滋病防治条例》,提出:"居民委员会和村民委员会应当协助地方各级人民政府和政府有关部门开展有关艾滋病防治的法律、法规、政策和知识的宣传教育。县级以上人民政府教育主管部门应当指导、督促高等院校、中等职业学校和普通中学将艾滋病防治知识纳入有关课程,开展有

---

[1] 杨玉学. 成长之道 青春健康生活技能培训指南 [M]. 北京:中国人口出版社,2012:108.
[2] 中华人民共和国国务院. 国务院关于切实加强艾滋病防治工作的通知 [Z]. 2004-03-16.
[3] 中华人民共和国卫生部. 全国健康教育与健康促进工作规划纲要(2005—2010 年)[Z]. 2005-01-12.

关课外教育活动。高等院校、中等职业学校和普通中学应当组织学生学习艾滋病防治知识。"①

2006 年,国务院办公厅发布了《关于印发中国遏制与防治艾滋病行动计划（2006—2010 年）的通知》,提出加强大众媒体宣传教育,加强公共场所和社区宣传教育,加强工作场所和校园宣传教育。企事业单位特别是流动人口比较集中的建筑、采矿等行业和大型工程建设单位,要将艾滋病防治政策及相关知识培训纳入职工岗位培训和行业安全教育,每年至少开展 1 次相关知识的专题教育。普通中学、技工学校、中等专业学校、高等学校要开展预防艾滋病健康教育。高等学校要发挥青年志愿者服务组织的作用,在校园内外广泛开展预防艾滋病宣传教育活动和关爱艾滋病病毒感染者及艾滋病病人的活动。加强对重点人群的宣传教育②。

2006 年,教育部发布了《关于在全国中小学开展创建和谐校园的意见》,提出强化安全与健康教育,提高师生安全卫生防护能力。学校要加强对师生的法制教育、安全教育、健康教育,切实提高教育的实效性和有效性;要把安全与健康教育纳入教学内容,要有一定的课时保证③。

2006 年,国家人口计生委发布了《全国"十一五"人口和计划生育事业发展规划》,提出坚持以宣传教育为主的指导方针,构建大宣传、大联合的宣传教育新格局。开展群众喜闻乐见的宣传教育活动,传播计划生育、优生优育、生殖健康和预防性病、艾滋病等科学知识,增强群众自我保健意识和能力,培育文明健康的生活方式,促进家庭幸福和社会和谐。加强与教育部门配合,在小学高年级和中学以上学校普遍开设人口和计划生育、青春期性与生殖健康的课程④。

2006 年,中共中央、国务院发布了《关于全面加强人口和计划生育工作统筹解决人口问题的决定》,提出大力普及婴幼儿抚养和家庭教育的科学知识,开展婴幼儿早期教育。建立以公益类研究机构为主体的公共科技服务体系,依托高等学校和重点科研机构,建设具有国际先进水平的计划生育生殖健康科研基地和学科

---

① 中华人民共和国国务院. 艾滋病防治条例 [M]. 北京: 法律出版社, 2006: 5.

② 中华人民共和国国务院办公厅. 国务院办公厅关于印发中国遏制与防治艾滋病行动计划（2006—2010 年）的通知 [Z]. 2006 – 02 – 27.

③ 中华人民共和国教育部. 教育部关于在全国中小学开展创建和谐校园的意见 [Z]. 2006 – 11 – 17.

④ 中华人民共和国国家人口和计划生育委员会. 全国"十一五"人口和计划生育事业发展规划 [Z]. 2006 – 12 – 18.

体系,组建若干多学科交叉的国家重点实验室和工程技术研究中心。中等以上学校要将人口和计划生育、生殖健康纳入相关课程教学内容或开设专题讲座等[①]。

综上,这一阶段所出台的相关性教育政策由之前单纯包含性生理,逐渐纳入性心理、性道德等方面的内容。除此之外,还包括预防艾滋病、性病等内容,使得性教育所包含的内容更加细化、更加适应多元性文化社会对性教育的发展要求。

四、2007年至今:致力于性安全的性教育政策

21世纪后,时代发展日新月异。在新形势下,中国性教育的发展尤为迫切,性教育政策与法规制定的焦点之一放在性安全教育上,将预防青少年性犯罪、重视性道德和性心理健康相关内容着重加入性教育政策中。且进入21世纪之后,艾滋病已越来越成为严重危害人类健康和生存的问题。以往单纯的性知识教育不能满足社会的快速发展,如何预防艾滋病、性病等仍然是这一阶段的重点。

2007年,中共中央宣传部、教育部、司法部、全国普及法律常识办公室联合发布了《中小学法制教育指导纲要》,提出法制专题教育要与道德教育、心理教育、青春期教育、生命教育紧密结合,与安全、禁毒、预防艾滋病、环境、国防、交通安全、知识产权等专项教育有机整合,使之融为一体[②]。

2007年,教育部出台了《中小学公共安全教育指导纲要》,指出小学4~6年级的教育内容重点之一包括"初步了解青春期发育基础知识,形成明确的性别意识和自我保护意识"。初中年级的教育内容重点之一包括"了解青春期常见问题的预防与处理;形成维护生殖健康的责任感"。高中年级的教育内容重点之一包括"掌握预防艾滋病的基本知识和措施,正确对待艾滋病毒感染者和患者。自觉抵制不良生活习惯和行为,具备洁身自好的意识和良好的卫生公德。学习健康的异性交往方式,学会用恰当的方法保护自己,预防性侵害。当遭到性骚扰时,要用法律保护自己"[③]。

2008年,教育部发布了《中小学健康教育指导纲要》,提出:"中小学健康教

---

① 中国共产党中央委员会,中华人民共和国国务院. 中共中央国务院关于全面加强人口和计划生育工作统筹解决人口问题的决定[Z]. 2006-12-17.

② 中国共产党中央委员会宣传部,中华人民共和国教育部,中华人民共和国司法部,全国普及法律常识办公室. 中共中央宣传部、教育部、司法部、全国普及法律常识办公室关于印发《中小学法制教育指导纲要》的通知[Z]. 2007-07-24.

③ 中华人民共和国教育部. 中小学公共安全教育指导纲要[Z]. 2007-02-07.

育内容包括五个领域：健康行为与生活方式、疾病预防、心理健康、生长发育与青春期保健、安全应急与避险。学校要通过学科教学和班会、团会、校会、升旗仪式、专题讲座、墙报、板报等多种宣传教育形式开展健康教育。各地应加强教学资源建设，积极开发健康教育的教学课件、教学图文资料、音像制品等教学资源，增强健康教育实施效果"[①]，并明确规定除了解艾滋病基础知识和预防方法外，还要熟悉毒品预防基本知识，从而"培养学生的健康意识和公共卫生意识"[②]。

2010年，国务院在发布的《艾滋病防治工作通知》中提出："切实落实初中及以上学生学习艾滋病防治知识的规定。"[③]

2010年，全国妇联、教育部、中央文明办、民政部、卫生部、国家人口计生委、中国关工委联合发布了《全国家庭教育指导大纲》，规范划分了各年龄阶段儿童家庭教育的指导要点：

4~6岁年龄段的家庭教育指导内容要点包括："培养儿童良好的生活和卫生习惯。积极运用奖励与忽视并行的方式纠正并消除儿童不良的行为方式与癖好；定期带领儿童进行健康检查。"

7~12岁年龄段的家庭教育指导内容要点包括："培养儿童良好的卫生习惯和作息习惯。"

13~15岁年龄段的家庭教育指导内容要点包括："对儿童开展适时、适当、适度的性别教育。指导家长进行青春期生理卫生知识指导，帮助儿童认识并适应自己的生理变化；开展科学的性心理辅导，进行青春期异性交往的指导；加强对儿童的性道德观念教育，并注意控制家庭的不良性刺激；引导儿童以合理的方式宣泄情绪。"

16~18岁年龄段的家庭教育指导内容要点包括："引导儿童与异性正确交往。指导家长根据该年龄阶段儿童个性特点，引导儿童积极开展社交活动和正常的异性交往；利用日常生活的相关事件，适时适当适度开展性生理、性心理辅导；对有'早恋'行为的儿童，指导家长学会提供经验参考，帮助儿童提高应对问题的

---

① 中华人民共和国教育部. 中小学健康教育指导纲要 [Z]. 2008-12-01.
② 中华人民共和国教育部. 中小学健康教育指导纲要 [Z]. 2009.
③ 中华人民共和国国务院. 关于进一步加强艾滋病防治工作的通知 [Z]. 2010.

现实处理能力。"①

2010年，国务院颁布了《关于进一步加强艾滋病防治工作的通知》，提出扩大宣传教育覆盖面，营造良好社会氛围。要坚持艾滋病宣传教育的公益性。加强对农村、边远贫困地区、疫情严重地区和有易感染艾滋病病毒危险行为人群、流动人群的艾滋病防治知识宣传。教育、卫生部门要建立预防艾滋病宣传教育工作机制，切实落实初中及以上学生学习艾滋病防治知识的规定②。

2011年，教育部出台了《义务教育体育与健康课程标准》，强调以体育与健康学习为主，渗透德育教育，同时融合部分健康行为与生活方式、生长发育与青春期保健、心理健康与社会适应、疾病预防、安全应急与避险等方面的知识和技能，整合并体现课程目标、课程内容、过程与方法等多种价值③。

2011年，国务院发布了《中国妇女发展纲要（2011—2020年）》，提出要"提高妇女心理健康知识和精神疾病预防知识知晓率。针对妇女生理特点，大力普及生殖健康知识，提高妇女自我保健意识和能力。提供规范的青春期、育龄期、孕产期、更年期和老年期妇女生殖保健服务，有针对性地解决妇女特殊生理时期的健康问题"④。

2011年，国务院发布了《中国儿童发展纲要（2011—2020年）》，提出要提高适龄儿童性与生殖健康知识普及率。加强对儿童的健康指导和干预。加强托幼机构和中小学校卫生保健管理，对儿童开展疾病预防、心理健康、生长发育与青春期保健等方面的教育和指导，提高儿童身心健康素养水平。帮助儿童养成健康行为和生活方式。加强儿童生殖健康服务。将性与生殖健康教育纳入义务教育课程体系，增加性与生殖健康服务机构数量，加强能力建设，提供适合适龄儿童的服务，满足其咨询与治疗需求。并明确提出："把性和生殖健康教育纳入义务教育课程体系。"⑤这一政策为中小学性教育的实施提供了制度保障。

2011年，卫生部、中国国家标准化管理委员会联合颁布了《中小学健康教育规范》，提出中小学健康教育内容包括5个领域：健康行为与生活方式、疾病预防、

---

① 中华全国妇女联合会，中华人民共和国教育部，等. 全国家庭教育指导大纲 [Z]. 2010-02-08.
② 中华人民共和国国务院. 国务院关于进一步加强艾滋病防治工作的通知 [Z]. 2010-12-31.
③ 中华人民共和国教育部. 义务教育体育与健康课程标准 [M]. 北京：北京师范大学出版社，2011：226.
④ 中华人民共和国国务院. 中国妇女发展纲要（2011—2020年）[M]. 北京：人民出版社，2011：34.
⑤ 中华人民共和国国务院. 中国儿童发展纲要（2011—2020年）[Z]. 2011.

安全应急与避险、心理健康、生长发育与青春期保健。根据儿童青少年生长发育的不同阶段，依照小学低年级、小学中年级、小学高年级、初中年级、高中年级划分为 5 级水平。将健康教育内容的 5 个领域合理分配到各级水平中，5 个不同的水平互相衔接，完成学校健康教育的目标①。

2012 年，国务院办公厅发布了《关于印发中国遏制与防治艾滋病"十二五"行动计划的通知》，提出教育、卫生、人力资源和社会保障部门要建立预防艾滋病宣传教育工作机制，在医学院校、师范院校相关课程中纳入艾滋病综合防治知识教育内容，在初中及以上学校开展艾滋病综合防治知识专题教育，加强师资队伍建设，保证课时落实和教学效果。充分发挥学校社团、互联网、学生刊物等平台的作用，鼓励青少年主动参与宣传教育活动，并将落实艾滋病综合防治知识和技能等相关教育作为学校年度考核的内容之一②。

2012 年，第十一届全国人民代表大会常务委员会通过了《中华人民共和国未成年人保护法》，其中第十九条规定：学校应当根据未成年学生身心发展的特点，对他们进行社会生活指导、心理健康辅导和青春期教育。第三十四条规定：禁止任何组织、个人制作或者向未成年人出售、出租或者以其他方式传播淫秽、暴力、凶杀、恐怖、赌博等毒害未成年人的图书、报刊、音像制品、电子出版物以及网络信息等③。

2012 年，卫生部、中国国家标准化管理委员会出台了《学生心理健康教育指南》，其中关于小学生心理健康教育的内容包括性心理教育，中学生心理健康教育内容包括青春期心理健康教育，大学生心理健康教育内容包括恋爱心理教育④。

2012 年，教育部发布了《中小学心理健康教育指导纲要（2012 年修订）》，提出心理健康教育应从不同地区的实际和不同年龄段学生的身心发展特点出发，做到循序渐进，设置分阶段的具体教育内容：

小学高年级主要包括开展初步的青春期教育，引导学生进行恰当的异性交往，

---

① 中华人民共和国卫生部，中国国家标准化管理委员会. 中小学健康教育规范：GB/T 18206—2011 [S]. 北京：中国标准出版社，2011.
② 中华人民共和国国务院办公厅. 国务院办公厅关于印发中国遏制与防治艾滋病"十二五"行动计划的通知 [Z]. 2012 - 01 - 13.
③ 第十一届全国人民代表大会常务委员会. 中华人民共和国未成年人保护法 [Z]. 2012 - 10 - 26.
④ 中华人民共和国卫生部，中国国家标准化管理委员会. 学生心理健康教育指南：GB/T 29433—2012[S]. 北京：中国标准出版社，2012.

建立和维持良好的异性同伴关系，扩大人际交往的范围；

初中年级主要包括帮助学生加强自我认识，客观地评价自己，认识青春期的生理特征和心理特征，把握与异性交往的尺度，建立良好的人际关系；

高中年级主要包括正确对待和异性同伴的交往，知道友谊和爱情的界限[①]。

2013 年，教育部发布了《关于培育和践行社会主义核心价值观进一步加强中小学德育工作的意见》，提出"加强生命教育和青春期教育，促进学生身心和谐发展"[②]。

2013 年，教育部、公安部等联合颁布《预防少年儿童遭受性侵工作的意见》，是我国性教育政策发展 40 年来首个提及预防性侵的政策法规。其中明确指出："预防性侵犯教育，提高师生、家长对性侵犯犯罪的认识。"[③]除少年儿童要接受防性侵的知识外，要求教师、家长对于性侵犯罪有所了解，从三方面共同保证青少年的安全。

2014 年，教育部发布了《义务教育学校管理标准（试行）》的通知，提出配备专兼职心理健康教育教师，根据学生身心发展特点，科学开展心理辅导，有计划地开展生命教育、防灾减灾教育、禁毒和预防艾滋病教育，普及疾病预防、饮食卫生常识以及生长发育和青春期保健知识[④]。

2014 年，教育部发布了《中等职业学校德育大纲（2014 年修订）》，指出道德品行教育包括"社会公德、职业道德、家庭美德、个人品德教育；学生日常行为规范、文明礼仪教育与训练；生命安全、艾滋病预防、毒品预防、环境保护等专题教育"。心理健康教育包括"心理健康基本知识和方法教育；青春期心理健康教育；职业心理素质教育；心理咨询、辅导和援助"[⑤]。

2014 年，国务院发布了《关于进一步加强新时期爱国卫生工作的意见》，将健康教育纳入国民教育体系，组织开展经常性宣传教育活动。创新健康教育的方

---

① 中华人民共和国教育部. 教育部关于印发《中小学心理健康教育指导纲要（2012 年修订）》的通知[Z]. 2012－12－07.

② 中华人民共和国教育部. 教育部关于培育和践行社会主义核心价值观进一步加强中小学德育工作的意见[Z]. 2014－04－01.

③ 中华人民共和国教育部，公安部，等. 关于做好预防少年儿童遭受性侵工作的意见[Z]. 2013－09－03.

④ 中华人民共和国教育部. 教育部关于印发《义务教育学校管理标准（试行）》的通知[Z]. 2014－08－02.

⑤ 中华人民共和国教育部. 教育部关于印发《中等职业学校德育大纲（2014 年修订）》的通知[Z]. 2014－12－22.

式和载体,提高健康教育的针对性、精准性和实效性。加强健康教育的内容建设,组织发布科学防病知识。医疗卫生机构在提供诊疗服务时要积极开展健康教育,推动重点人群改变不良生活习惯,形成健康生活方式[①]。

2015 年,国家卫生计生委办公厅发布了《关于全面开展预防艾滋病、梅毒和乙肝母婴传播工作的通知》,提出:"充分利用新婚学校、孕妇学校、人口学校等平台,以及广播、电视、网络等大众媒体,采取多种形式开展预防艾滋病、梅毒和乙肝母婴传播相关的健康教育和政策宣传,特别关注流动人口和青少年群体。提高育龄夫妇对预防艾滋病、梅毒和乙肝母婴传播重要性的认知。"[②]

2015 年,国家卫生计生委办公厅、教育部办公厅联合发布了《关于建立疫情通报制度进一步加强学校艾滋病防控工作的通知》,提出要切实落实各项学校预防艾滋病教育措施,特别要认真落实初中学段 6 课时、高中学段 4 课时预防艾滋病专题教育时间,认真落实高校和中等职业学校在新生入学时发放预防艾滋病教育处方、在入学教育中开展不少于 1 课时的艾滋病综合防治知识教育等任务,确保高校每学年对每个在校学生进行不少于 1 课时的预防艾滋病专题讲座。将预防艾滋病教育与性健康教育有机结合,积极探索适合不同学段学生身心发育、认知能力的性健康教育内容和方式,将性道德、性责任、预防和拒绝不安全性行为作为教育重点。要注重发挥家长在学生形成正确价值观和性观念方面的重要作用,通过共同努力,提高学生自我防护能力[③]。

2016 年,国务院发布了《关于加强农村留守儿童关爱保护工作的意见》,提出支持和指导中小学校加强心理健康教育,促进学生心理、人格积极健康发展,及早发现并纠正心理问题和不良行为;会同公安机关指导和协助中小学校完善人防、物防、技防措施,加强校园安全管理,做好法治宣传和安全教育,帮助儿童增强防范不法侵害的意识、掌握预防意外伤害的安全常识[④]。此举有利于提高全民素质、维护社会稳定发展、对构建和谐社会有重要的意义。同年 7 月,国务院又发布了《关于统筹推进县域内城乡义务教育一体化改革发展的若干意见》,内容指

---

① 中华人民共和国国务院. 国务院关于进一步加强新时期爱国卫生工作的意见 [Z]. 2014 – 12 – 23.
② 中华人民共和国国家卫生和计划生育委员会办公厅. 国家卫生计生委办公厅关于全面开展预防艾滋病、梅毒和乙肝母婴传播工作的通知 [Z]. 2015 – 04 – 09.
③ 中华人民共和国国家卫生和计划生育委员会办公厅,中华人民共和国教育部办公厅. 关于建立疫情通报制度进一步加强学校艾滋病防控工作的通知 [Z]. 2015 – 07 – 15.
④ 中华人民共和国国务院. 国务院关于加强农村留守儿童关爱保护工作的意见 [Z]. 2016 – 02 – 04.

出:"中小学加强法治教育、安全教育和心理健康教育,积极开展心理辅导。"①此政策更加进一步推动城乡义务教育的发展,并明确指出加强安全教育内容。由此可见,预防性侵及性安全教育成为当代性教育发展的必要内容。

2016年,中共中央、国务院发布了《"健康中国2030"规划纲要》,提出将健康教育纳入国民教育体系,把健康教育作为所有教育阶段素质教育的重要内容。以中小学为重点,建立学校健康教育推进机制。构建相关学科教学与教育活动相结合、课堂教育与课外实践相结合、经常性宣传教育与集中式宣传教育相结合的健康教育模式。培养健康教育师资,将健康教育纳入体育教师职前教育和职后培训内容。强化社会综合治理,以青少年、育龄妇女及流动人群为重点,开展性道德和性安全宣传教育和干预,加强对性传播高危行为人群的综合干预,减少意外妊娠和性相关疾病传播。全面推行知情选择,普及避孕节育和生殖健康知识②。"要以青少年为重点,开展性道德、性健康和性安全宣传教育和干预。"③教育部等相关政府部门对于青少年的性教育内容及发展做出进一步的规划,提出相应的要求和建议,并通过法律法规的形式固定下来,让青少年性教育的实施有法可依。

2016年,国家卫生计生委、中宣部、教育部、财政部、环境保护部、工商总局、新闻出版广电总局、体育总局、国家中医药局、中国科协等联合发布了《关于加强健康促进与教育的指导意见》,提出将健康教育纳入国民教育体系,把健康教育作为所有教育阶段素质教育的重要内容。以中小学为重点,建立学校健康教育推进机制。加强学校健康教育师资队伍建设。构建相关学科教学与教育活动相结合、课堂教育与课外实践相结合、经常性宣传教育与集中式宣传教育相结合的健康教育模式。以青少年、育龄妇女、流动人群及性传播风险高危行为人群为重点,开展性道德、性健康、性安全的宣传教育和干预。大力普及有关毒品滥用的危害、应对措施和治疗途径等相关知识。加强健康促进与教育人才队伍建设④。

---

① 中华人民共和国国务院. 关于统筹推进县域内城乡义务教育一体化改革发展的若干意见 [Z]. 2016.
② 中国共产党中央委员会, 中华人民共和国国务院. "健康中国2030"规划纲要 [Z]. 2016-10-25.
③ 中国共产党中央委员会, 中华人民共和国国务院. "健康中国2030"规划纲要 [Z]. 2016-10-25.
④ 中华人民共和国国家卫生和计划生育委员会, 中国共产党中央委员会宣传部, 等. 关于加强健康促进与教育的指导意见 [Z]. 2016-11-16.

2016年，教育部、国家发展改革委、民政部、财政部、人力资源和社会保障部、国务院、扶贫办等六部门联合印发了《教育脱贫攻坚"十三五"规划》的通知，提出支持和指导中小学校对农村留守儿童受教育情况实施全过程管理，加强心理健康教育，帮助监护人掌握农村留守儿童学习情况，提升监护人责任意识和教育管理能力。发挥高校医学专业及附属医院资源优势，帮助贫困地区群众树立公共卫生意识，倡导健康生活方式，预防和减少疾病发生①。

2017年，教育部发布了《普通高等学校健康教育指导纲要》，提出高校健康教育内容主要包括健康生活方式、疾病预防、心理健康、性与生殖健康、安全应急与避险 5 个方面。高校应按照本纲要确定的原则、内容，因校制宜制定健康教育教学计划，开设健康教育公共选修课，安排必要的课时，确定相应的学分。针对高校学生关注的健康问题，精选教学内容，吸引学生选修健康教育课程。充分利用新生入学教育、军训等时机，开展艾滋病、结核病等传染病预防、安全应急与急救等专题健康教育活动②。

2017年，教育部发布了《义务教育学校管理标准》，提出落实《中小学健康教育指导纲要》，普及疾病预防、营养与食品安全以及生长发育、青春期保健知识和技能，提升师生健康素养③。

2017年，中共中央、国务院发布了《中长期青年发展规划（2016—2025年）》，提出开展青年性健康教育和优生优育宣传教育。在青年中加强对国家人口发展战略和政策的宣传教育，促进人口均衡发展。加大对性知识的普及力度，在有条件的学校推广性健康课程，加强专兼职性健康教育师资队伍建设。预防和减少不当性行为对青年造成的伤害，大幅度降低意外妊娠的发生率。大力弘扬以"婚育文明、性别平等；计划生育、优生优育；生殖健康、家庭幸福"为核心的婚育文化，坚决抵制非医学需要的胎儿性别鉴定和选择性别人工终止妊娠行为。加大对适龄青年的婚育辅导力度，加大适龄青年婚前检查、孕前检查和产前检查的普及力度④。

---

① 中华人民共和国教育部，中华人民共和国国家发展和改革委员会，等．教育部等六部门关于印发《教育脱贫攻坚"十三五"规划》的通知［Z］．2016-12-16．

② 中华人民共和国教育部．教育部关于印发《普通高等学校健康教育指导纲要》的通知［Z］．2017-06-14．

③ 中华人民共和国教育部．教育部关于印发《义务教育学校管理标准》的通知［Z］．2017-12-04．

④ 中共中央、国务院印发《中长期青年发展规划（2016—2025年）》［Z］．中华人民共和国国务院公报，2017（12）．

2018 年，教育部办公厅发布了《关于进一步加强中小学（幼儿园）预防性侵害学生工作的通知》，提出各地教育行政部门和学校要把预防性侵害教育工作作为重中之重，通过课堂教学、讲座、班会、主题活动、编发手册、微博、微信、宣传栏等多种形式开展性知识教育、预防性侵害教育。要通过案例加强警示教育，提高学生自护意识和自救能力。重点对小学学生、留守学生、寄宿学生、乡镇农村学校学生及其家长加强宣传教育[①]。

2019 年 5 月，全国妇联、教育部等 9 部门联合发布关于印发《全国家庭教育指导大纲（修订）》的通知，明确表述修订后的《大纲》使用"性教育"这一表述替换了以往的"青春教育"一说，表述更加精准。

2020 年，有"两会"代表提出："将儿童防性侵纳入义务教育课、上调法定性同意年龄。"

综上，随着社会、科学技术和媒体的飞速发展，越来越多的性侵案件、校园欺凌事件被曝光在阳光下，青少年健康的发展状况得到国家的高度重视。国家及相关部门注重性教育各个方面对青少年的影响，近 15 年来所颁布的初等、中等学校性教育政策及相关政策包含的内容更全面、更具体，对于中小学性教育的实施与发展起到重要的指导作用。这一阶段所颁布的包含艾滋病和毒品内容的政策法规占此时期性教育政策法规的 32.3%，所占比例较多，可见"性安全教育"成为 21 世纪以来性教育内容的重要组成部分。在 2018 年以来的性教育政策中，性安全教育仍是性教育政策与法规关注的重点之一，主要是规避性疾病风险，使青少年能够顺利度过青春期。

第二节 新加坡性教育方案

新加坡自建国以来，政府及领导人就将培养与提高国家公民的道德观和价值观作为国家发展的出发点和落脚点。因此，为促进本国中小学性教育的发展，新加坡教育部主要从以下 3 个方面着手：首先，规定了"以家庭为基础和婚前禁欲"的指导思想与总体目标，其目标涉及性知识、性技能、性道德观、性价值观及健

[①] 教育部办公厅. 教育部办公厅关于进一步加强中小学（幼儿园）预防性侵害学生工作的通知［Z］. 2018－12－12.

康、负责任的两性关系。其次，制定了性教育的框架和主题。该框架包含家庭、学校和社会三方实施主体，还规定了三方主体的权利与具体职责。最后，颁布了两个专门的性教育计划作为促进性教育发展的主要载体。为了促使性教育计划的效果得到最大化，教育部制定了具体的课程标准、编写了富有层次的性教育教材、培养了专门的性教育教师。

一、新加坡性教育计划的指导思想

在西方社会家庭观念日趋淡漠、家庭组织日渐松散的国际背景下，新加坡政府始终坚持儒家"修身、齐家、治国、平天下"的文化传统，大力宣传家庭的价值，强调家庭在社会中的地位和意义，促进家庭功能和作用的发挥。总理吴作栋曾说："我们始终强调社会的基石是家庭，而非个人。在西方，他们认为个人是最重要的，个人权利比家庭和社会权利来得重要。我们认为没有家庭，就没有个人。家庭是基本单位，社会是由家庭组成的。这种价值观对我们至为重要。"[①]1992年，新加坡政府在《共同价值观白皮书》中正式将"家庭为根"确定为新加坡人所应奉行的"共同价值观"。从这里可以看出，新加坡奉行"家庭是社会的基本组成单位"的理念[②]。因此，新加坡教育部规定对青少年的性教育应该以家庭为基本单位，该家庭是由充满爱、尊重与责任的夫妇所组成的。这是新加坡性教育不容改变的基本价值理念。

另一方面，新加坡教育部坚持婚前禁欲的理念，即通过对学生实施性教育，使学生认识到贞洁的重要性，让学生愿意保持贞操，直到准备与他人生活一辈子，到结婚时再发生性关系。性教育可以促进青少年良好人格的形成和品德的养成。性教育不仅教授学生成长过程中性生理、性心理、性情绪等知识，还搭配怀孕、避孕措施及预防艾滋病等性病毒传播的知识。同时，也教育学生在与他人相处时，能与他人建立健康的关系，做出负责任的选择和决定，防止学生因为好奇或品德等问题随意地与他人产生性行为。在新加坡教育部看来，随意产生性行为不仅会伤害双方，还会对双方的家庭产生不好的影响，而婚前禁欲可以减少青少年随意

---

① 吕元礼. 新加坡人的家庭理念 [J]. 社会, 2002 (11).
② 杨俐玲. 新加坡"家庭为根"的价值观分析及其启示 [J]. 高等函授学报（哲学社会科学版），2013，28 (2).

产生性行为的概率,是预防青少年意外怀孕和性传播感染(Sexually Transmitted Infections,简称 STIs)、艾滋病病毒(Human Immunodeficiency Virus,简称 HIV)的最佳保护方式。

二、新加坡性教育计划的框架和主题

(一)新加坡性教育计划的框架

新加坡性教育计划框架包含了"家庭、学校和社会"三方主要力量。新加坡教育部认为性教育应该开始于父母,继续于学校,补充于社会。要想实现性教育的目标,需要三方形成教育合力,如图 2-1 所示。

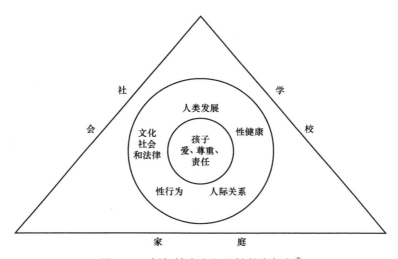

图 2-1 新加坡中小学的性教育框架①

如图 2-1 所示,中心的"孩子"(Children)突出了新加坡对学生性教育的关注。性教育将以爱(Love)、尊重(Respect)和责任(Responsibility)的价值观为基础,帮助孩子学会爱和尊重,爱自己和他人,尊重自己和他人,与他人建立健康的关系,并在性问题上做出明智的、负责任的决定。外环的 5 个主题便是新加坡性教育课程中必不可少的内容——人类发展(Human Development),人际关系

---

① Singapore Ministry of Education.MOE Framework for Sexuality Education[EB/OL]. [2020-08-20]. https://www.moe.gov.sg/education/programmes/social-and-emotional-learning/sexuality-education/moe-framework-for-sexuality-education.

(Interpersonal Relationships)、性健康（Sexual Healthy）、性行为（Sexual Behavior）、文化、社会和法律（Culture、Society、Law）。表达爱、尊重和责任所需要的知识、技能和态度将会是每个主题的基础。三角形代表家庭、学校和社会之间的伙伴关系。要使性教育计划实施的效果最大化，不仅需要家长与孩子建立良好的亲子关系以及对性问题进行有效的沟通，还需要支持学校的领导以及由学校特别挑选和教育部培训的性教育教师团队。最后，还需要社区相关专家之间的合作与帮助。只有家长、学校和社会各司其职，通力合作，才能将性教育的效果发挥到极致。

新加坡教育部对性教育体系的三方主力分别进行了相关规定。在学校，教育部设置了成长岁月计划（GY）和授权青少年计划（eTeens），这两个计划是在品格和公民教育体系下开展的主要性教育计划。除此之外，性教育还通过贯穿中小学的科学课（Science）、级任教师辅导课（Form Teacher Guidance Period，简称FTGP）以及品格和公民教育课（Character and Citizenship Education，简称CCE）等科目进行教学。对于家庭，教育部认为父母在子女的性教育中发挥着不可忽视的作用。为了向孩子传递正确的、清晰一致的性教育知识，对子女进行科学的性教育，教育部要求父母要积极地参与到学生的性教育过程中。对社会而言，自2009年以来，教育部就开始邀请外部提供者通过集中审核程序申请在学校开展性教育讲座和课堂教育，以此补充学校的性教育计划。学校可以聘请经教育部批准的外部提供者（External Provider）补充学校的性教育计划，但其需要严格地遵守教育部关于外部提供者参与的指导方针，不可取代由教育部提供的核心性教育内容，该内容是由学校特聘且经过教育部严格培训的教师付诸实施。

（二）新加坡性教育计划的主题

教育部性教育课程是一个整体的、世俗的课程，旨在满足学生在不同阶段的发展需求。它是学校整体课程体系的一部分。成长岁月计划（GY）和授权青少年（eTeens）计划互为补充，是在品格和公民教育体系下进行的主要性教育计划。除此之外，性教育也通过级任教师辅导课（小学阶段）、健康教育（小学五、六年级）、科学（小学和中学）以及品格和公民教育课（小学和中学）等科目进行。

性教育课程由小学五、六年级至专科学校（Junior College，简称 JC）、中央研究院（College Institution，简称 CI），程度不等。内容主要分为 5 个主题，分别是人类发展、人际关系、性健康、性行为以及文化、社会和法律。这 5 个主题由浅入深地分布在小学五、六年级到初级学院和中央研究所的性教育课程中。每个阶段讨论一个主题，所涉及的主题将会在下一个教育阶段得到更深入的讨论和学习。人类发展指的是，学生青春期的开始，其身心和情感的变化以及这些变化对其产生的影响。人际关系指的是，学生与同性和异性之间建立健康、有益双方的关系的价值观以及如何建立健康人际关系的技能。性健康指的是，给学生传达性健康和避免性行为不良后果的正确信息和态度。性行为指的是，向学生传达什么是性及性带给人的影响。文化、社会和法律指的是，向学生传达社会、文化和法律对性别的认同和性表达的影响。

第 3 章

中国-新加坡性教育目标和内容比较

本章从目标和内容方面,对中国和新加坡的性教育进行比较。

■ 第一节 中国性教育目标和内容

学校性教育是对青少年开展性教育工作中最为重要的环节之一[①]。学校性教育,也称为学校性健康教育(School Sexual Health Education),主要以学校为阵地,以教师为主力军,以学生为中心对象,有组织开展的规划性的性教育活动[②]。中国的学校性教育是中国性教育的重要组成部分,植根于性科学,区别于其他类型的性教育如家庭性教育、临床生殖健康指导等,具有鲜明的教育学特征[③]。关于中国性教育的目标和内容主要体现在学校性教育的目标和内容当中。

一、中国学校性教育的目标

中国学校性教育总体目标是:"终极关怀"青少年可持续性、自主发展的能力,培养青少年健康生活素养[④]。学校性教育建设是当代建设社会主义精神文明的需要,通过学校科学性知识的教育帮助广大青少年学生树立健康的性观念和意识,

---

① 张庭浩,余小鸣,石琰琴. 我国义务教育阶段课程中性教育内容框架分析[J]. 中国学校卫生,2017(8):1127−1130.
② 季成叶. 儿童少年卫生学[M]. 北京:北京大学医学出版社,2006:350−353.
③ 季成叶. 学校性教育的性质、目标和任务[J]. 中国学校卫生,2005(7):614−615.
④ 潘绥铭. 中国性教育的特有问题[J]. 生命世界,2007(3):38−41.

为学生时期乃至终身健康幸福的发展奠定坚实的基础。

教学目标是在教学活动中所期待得到的学生的学习结果，在教学过程中起着重要的作用。教学目标的设定离不开教育政策的要求，接下来将把中小学性教育的发展阶段细分为"性教育起步阶段""性教育深化探索阶段""性教育稳定发展阶段""性教育全面革新阶段"这4个阶段，分别叙述改革开放以来中小学性教育的目标，并将4个阶段的目标进行整合，见表3-1。

表3-1　中小学性教育的目标

时间阶段	具体目标
性教育起步阶段（1978—1990）	（1）获得青春期性教育知识、了解身体和生殖相关的事； （2）重视健康教育、卫生教育； （3）提倡计划生育、晚育的观念； （4）传授青少年正确的习惯、行为； （5）学习相关的合适用语和术语
性教育深化探索阶段（1991—2000）	（1）加强青少年性心理健康发展； （2）开设心理健康课程并设置心理咨询机构； （3）注重身体、心理和道德三方面的发展； （4）及早纠正不正确的性心理和性行为问题； （5）树立正确的性道德意识和性价值观； （6）保障青少年性教育的权利
性教育稳定发展阶段（2001—2010）	（1）开展预防艾滋病的健康教育及活动； （2）教育、卫生部门建立预防艾滋病的工作机制； （3）在学校各个年级普及预防艾滋病综合防治知识； （4）注重艾滋病性病知识和禁毒知识的普及教育； （5）开设预防艾滋病相关课程
性教育全面革新阶段（2011—2020）	（1）开展防性侵犯教育，教师、家长对性侵犯犯罪有所了解； （2）开设安全教育讲座和活动； （3）提高性法律观念和自我保护意识； （4）加强法制教育、安全教育、健康教育； （5）普及预防性侵犯知识

（一）中小学性教育起步阶段的目标（1978—1990年）

在我国1978—1990年为性教育的起步阶段。1978年《中学生理卫生教学大纲》就规定要重视晚育、计划生育的问题[①]。之后相继颁布的政策中规定加强青少

---

① 朱广荣，季成叶，易伟，马丽. 中国性教育政策回顾研究[J]. 中国性科学，2005（3）：1-3，15.

年青春期生理卫生教育、教授性教育知识等内容，在教科书中对于学校性教育的教学目标亦有所提及。在改革开放初期，一切事物百废待兴，此时期的性教育发展刚刚抬头。国家重视性教育的发展，陆续颁布相应的法律法规，规定性教育的内容及目标主要以青春期生理卫生教育为主，传授基本的生理知识、了解身体的基本结构、学习日常生活的常识等。内容简单易懂，且多与健康教育或体育学科相结合（见表3-1）。

（二）中小学性教育稳定发展阶的目标（1991—2000年）

在我国，1991—2000年为性教育的稳定发展阶段。改革开放后我国学校性教育历经十多年的发展，获得宝贵的教学经验。我国性教育在发展过程中逐渐意识到青少年性心理和性道德的发展，同时借鉴国外性教育发展经验，逐渐从性生理卫生向性心理健康和性伦理道德方向发展。相关的性教育政策和教育大纲中也提出相应的性心理健康和性伦理道德内容和要求（见表3-1）。随着我国社会、经济的快速发展，性教育进入稳定发展阶段。此前单纯的性生理卫生教育不能满足青少年的身心发展，此时期青少年的身体与心理都发生了巨大的变化。如果未及时给予正确、科学的引导，青少年可能会伤害自身或步入歧途。性梦、手淫、两性处理关系等现象均属于性心理和性道德范畴。据调查报告显示，86.3%的青少年在手淫后都会产生羞愧感和羞耻感，甚至认为手淫是不道德的行为，这就对青少年的心理造成压力，进而影响其日常生活和身体的健康发展，这就需要性心理进行引导与沟通。此时期的学校性教育发展内容与教学目标主要以性生理和性心理两方面为重点，同时引导青少年性行为和两性关系等方面的发展。

（三）中小学性教育深化探索阶段的目标（2001—2010年）

在我国，2001—2010年为性教育的深化探索阶段。进入新世纪，原本的性教育知识内容已不能完全适应时代发展的需要，社会所呈现的问题使得性教育的发展面临新的挑战。在21世纪初始，艾滋病在全世界已经成为严重的社会问题并影响人类的健康发展。联合国前秘书长安南曾说："艾滋病是一种真正的大规模杀伤性武器。"[①]我国政府在预防艾滋病方面给予了高度的重视。2003年，教育部颁布

---

① 陈铭德，朱琦. 性教育的困惑与对策[M]. 天津：天津教育出版社，2006：23.

《中小学预防艾滋病教育大纲》，内容指出："学校要以专题教育的形式，使学生了解预防艾滋病的相关知识。"①通过政策法规的形式，将预防艾滋病的相关知识投入实践中。在深化探索阶段的性教育政策和教科书均包含预防艾滋病、性病的内容，此时期的性教育亦被称为"公共安全教育"，其中还包含毒品预防教育②。因此这时期的教学目标及其内容加入了许多有关艾滋病的认识与防范等内容（见表3-1）。艾滋病是一种危害极大的传染病，由艾滋病病毒引起，能够破坏大量细胞，导致人体免疫功能丧失。艾滋病具有 8～9 年的潜伏期，短时间内不易被发现。自20世纪末以来，我国性病患者数量激增。1989—1992 年间增长率约为 22%，其中半数以上是青少年。目前对于艾滋病尚无根治的药物，因此对青少年开展性教育是防止艾滋病在我国大肆蔓延的唯一可行手段。根据联合国艾滋病规划署数据显示，1998 年全世界有 300 多万儿童和青年感染了 HIV，其中 15 岁以下的儿童有 59 万人，15～24 岁的青少年有 250 万人③。面对艾滋病快速发展的严峻趋势，我国政府已经意识到艾滋病对青少年健康发展的危害。性传播疾病已引起国家及相关部门的重视，青少年是我国未来发展的希望和栋梁，切实保证青少年身心健康发展，有利于家庭和睦、社会和谐稳定和国家可持续化发展。

（四）中小学性教育全面革新阶段的目标（2011—2020 年）

在我国，2011—2020 年为性教育的全面革新阶段。随着科学技术的进步、媒体的快速发展，越来越多的"性侵"案件遭到曝光。据媒体公开报道，2013—2020年儿童"性侵"案件多达数千起，其中隐案比例为 1:7，也就是说在 1 起"性侵"案件的背后存在 7 起未被发现或未被报道的"性侵"案。实施性教育，在一定程度上可减少和预防性侵案的发生。同时我们应该加强青少年性法律意识，知道如何用法律武器来保护他们的权益。在此阶段，我国相关的政策和教育大纲中加入了有关性安全与性法律的学习目标。由此可见我国对于性公共安全教育和预防性侵犯教育的重视。2013 年，教育部和公安部等联合颁布《预防少年儿童遭受性侵工作意见》，其中就明确指出："提高师生、家长对性侵犯犯罪的认识。"④据女童

---

① 彭涛. 中国性教育相关政策分析及建议 [J]. 学习性健康教育，2011（8）：18.
② 陈静. 1978—2014 年中国性教育政策分析 [J]. 青年探索，2015（6）：70-74.
③ 陈铭德，朱琦. 性教育的困惑与对策 [M]. 天津：天津教育出版社，2006：25.
④ 中华人民共和国教育部，中华人民共和国公安部，等. 关于做好预防少年儿童遭受性侵工作的意见 [Z]. 2013.

保护数据统计，在遭遇性侵的儿童中，女童遭遇"性侵"人数占比达到92.42%，男童遭遇"性侵"人数占比达到7.58%。其中受害者多为7～14岁儿童，其中70%以上是熟人作案[①]。统计呈现的数据为我们敲响了警钟，应加强对青少年性安全教育知识的学习和实施，真正把性教育落在实处。

从我国中小学性教育目标的发展演变当中，可以总结出我国性教育的3个基本目标，即：

1. 传授科学性知识、建立健康性观念

青少年在步入成年的过程中，都曾通过网络和其他媒体接触过矛盾、含混不清或有明显性倾向的信息。包括父母、老师在内的成年人经常会在青少年最需要了解这方面信息的时候却对公开讨论与性有关的话题感到尴尬、保持沉默或坚决反对。我国开展的性教育计划旨在通过学校性教育为青少年提供适合其年龄、符合其受教育水平，同时在科学意义上又准确无误的性知识，培养他们具有能够为自己的性活动做出知情选择的能力。

2. 为终身健康奠定基础

性教育的最终目标是促进青少年的全面和谐发展。国家通过将性教育纳入整个学校教育体系，在青少年进入性活跃期之前对其施加影响，以此促进青少年自我形象的确立、健康人格的养成、身心的正常发育和良好人际关系的建立，同时，也能改变艾滋病等相关流行病的发展轨迹，为青少年的终身健康奠定坚实基础[②]。

3. 建设精神文明社会的需要

精神文明建设的目标是使每个人都拥有健康的心理和自我意识，创造并享受有价值的人生。要建成这样高度文明的社会，对青少年进行科学的性教育是重要组成部分。国家加大力度培训医生、教师，建立有效的生殖健康服务网络，并健全为保障青少年的性权利所必需的法律、政策和受教育环境。

二、中国学校性教育的内容

我国内容和层次日趋规范化的学校性教育内容不仅包括性生理，还包括性心

---

① "女童保护"2016年性侵儿童案件统计及儿童防性侵调查报告[R/OL]．（2017-03-03）[2020-08-25]．http://gongyi.ifeng.com/a/20170303/44550261_0.shtml.

② 季成叶．学校性教育的性质、目标和任务[J]．中国学校卫生，2005（7）：614．

理、性道德、性安全、性法制等多元性教育方面的内容[①]。根据上述中小学性教育 4 个阶段的目标，接下来对应上述"性教育起步阶段""性教育深化探索阶段""性教育稳定发展阶段""性教育全面革新阶段"这 4 个阶段的目标，来分别阐述每个阶段中小学性教育的主要内容与发展。

（一）中小学性教育起步阶段的内容（1978—1990 年）

在起步阶段时期，性教育的主要内容以"性生理卫生"为主，多与健康教育或者体育学科相结合，在上课过程中潜移默化地传授基本的生理知识，让学生了解自己身体的基本结构并学习日常生活的常识等。在改革开放初期，性教育政策和性教育教科书均以全日制十年制为时间界限，出版的教科书主要以中学生为教育对象。就教科书方面来看，1978 年和 1983 年由人民教育出版社出版的初级中学《生理卫生》教科书具有代表性，将两者进行比较，就可以发现此阶段性教育内容的共性与变化[②]，见表 3–2。

表 3–2　1978 年和 1983 年《生理卫生》教科书目录对比

章节	1978 年《生理卫生》全一册	1983 年《生理卫生》全一册
第一章	人体概述	人体概述
第二章	运动系统	皮肤
第三章	循环系统	运动系统
第四章	呼吸系统	循环系统
第五章	消化系统	呼吸系统
第六章	新陈代谢	消化系统
第七章	排泄系统	新陈代谢
第八章	内分泌系统	泌尿系统
第九章	神经系统和感觉器官	内分泌系统
第十章	生殖系统	神经系统
第十一章	青春期生理卫生	生殖与发育
第十二章	爱国卫生运动	传染病

由表 3–2 可见，改革开放初期性教育教科书的内容是以人体的八大系统为主，除此之外包含生理卫生和预防疾病等章节。两本教科书相同知识点的覆盖面

[①] 李长宁．健康促进学校工作指南及适宜技术 [M]．北京：人民卫生出版社，2017：13 – 16．
[②] 资料来源：表 3–2 和表 3–3 是根据全日制十年制学校初中课本《生理卫生》全一册（人民教育出版社，1978 年）和初级中学课本《生理卫生》全一册（人民教育出版社，1983 年版）整理而成。

为 83.3%，人体的八大系统的主体中心内容不变，其他章节内容略有删改和增加，改动幅度较小。有关性知识的具体内容见表 3-3。

表 3-3 1978 年和 1983 年《生理卫生》中有关性教育知识的内容对比

1978 年性知识内容		1983 年性知识内容	
生殖系统		生殖和发育	
第一节 生殖系统的构造和机能	一、男性生殖系统 二、女性生殖系统	第一节 生殖	一、男性生殖系统 二、女性生殖系统 三、受精 四、胚胎的发育 五、胚胎的营养 六、计划生育
第二节 胚胎的发育和营养	一、胚胎的发育 二、胚胎的营养	第二节 发育	一、人体发育的分期 二、青春期的发育特点 三、青春期卫生
青春期生理卫生			
第一节 青春期发育的特点	一、身体外形上的变化 二、内脏机能的健全 三、生殖器官的成熟		
第二节 青春期卫生	一、月经和月经期卫生 二、遗精和卫生 三、青春期常见病的预防		

由表 3-3 可见，1978 年将生殖系统和青春期生理卫生分为两章，到 1983 年合并为一章。在生殖系统中增加"受精"和"计划生育"、在发育中增加"人体发育的分期"内容，1983 年相较于 1978 年在性教育知识上更加系统、丰富。1983 年的教材中明确规定，授课的总时数为 60 课时，其中讲课 45 课时，实验 9 课时，机动 6 课时。还细致地将授课时数按章分配，供教师参考①。在课本插图部分，除原有的人体内部器官和血液循环图解外，还增添人体骨骼肌、血细胞、眼和耳等内容，对于人体的构造有进一步讲解。值得提倡的是在教科书中存有性器官的插图，这有利于青少年了解和认知自身与异性的身体构造。

1985 年由"中国青春期性教育之母"姚佩宽教授主编的《青春期常识读本》

---

① 任树德，孙传贤. 初级中学课本（试用本）生理卫生全一册 [M]. 北京：人民教育出版社，1983.

是我国第一部青春期性教育的学生用书,另配有教师用书《中学生青春期教育》。此书对我国改革开放初期学校性教育发展具有里程碑式的意义。但姚佩宽教授曾表示在研读 17 年来各地出版的 40 余种青少年性教育教材时,发现内容变化不大,青少年性教育工作发展缓慢。刘达临教授曾指出青少年性教育教材存在放不开、讲不透的现象[①]。性教育起步阶段发展艰难,受到各方面影响性教育内容不能完全放开。且此时期的教材主要是从生物学和医学方面入手,所包含的性教育知识较为简略,主要学习生理基础知识。在改革开放初期,性健康教育刚提上教学日程,在课程实施方面主要以试点中学为主。在书籍方面种类较为单一,以教科书和教学指导用书为主,性教育知识内容以青春期基础知识、生理卫生和基本保健常识为主。此时期的中小学性教育处于初期发展阶段,为之后的中小学性教育发展奠定了基础。

(二)中小学性教育稳定发展阶段的内容(1991—2000 年)

在稳定发展阶段,相关的性教育工作者在教学发展中总结历史经验,并应用于新的实践当中。随着社会、政治、经济等方面的发展,中小学性教育教科书的内容也随之发生变化。在原有性生理健康教育的基础上,纳入性心理健康和性伦理道德的内容。性道德教育有助于提高青少年性道德的认知水平,树立正确的性道德观念和意识,有助于培养良好的性道德。性道德是规定人的性行为的道德规范,是社会主义道德的重要内容,也是我国社会主义精神文明建设的重要组成部分。人们的文化程度越高,要求社会的性道德水平就越高[②]。性道德教育已成为世界各国性教育的重要组成部分。分析此阶段中小学教科书内容,其内容的发展变化见表 3–4[③]。

表 3–4 小学健康教育教科书性知识内容

章节	低年级性知识内容		高年级性知识内容	
第一章	心理健康	一、培养自信 二、如何克服困难	心理健康	一、培养独立的学习、生活能力 二、正确认识自己、情绪与健康 三、两性关系处理

---

① 陈铭德,朱琦. 性教育的困惑与对策 [M]. 天津:天津教育出版社,2006:125.
② 田书义等. 性教育学 [M]. 北京:首都师范大学出版社,1998:31.
③ 资料来源:表 3–4 是根据胡忠良、杨继刚编写的《健康教育》,辽海出版社 1997 年版整理编辑。

续表

章节		低年级性知识内容		高年级性知识内容
第二章	人体生理	一、爱护我们的耳朵 二、爱护我们的鼻子 三、爱护我们的眼睛 四、脊柱侧弯的预防	人体生理	一、生长发育 二、男女青春前期的生理变化与保健 三、女性月经初潮、男性遗精 四、人体内部的主要器官
第三章	五官卫生	一、人体的发音器官 二、保护好声带	五官卫生	一、近视眼形成原因 二、龋齿的预防
第四章	防病常识	一、预防感冒与流感 二、预防猩红热 三、预防流行性腮腺炎	饮食与健康	一、营养素缺乏与健康 二、贫血的预防 三、膳食的平衡
第五章	运动与休息	一、合理的课外体育锻炼 二、合理的作息制度 三、吸烟与饮酒的害处	运动与休息	一、青春前期的体育锻炼 二、青春前期体育锻炼的卫生 三、体育锻炼的好处
第六章	安全常识	一、外伤的处理 二、出血与止血 三、预防煤气中毒	安全与急救	一、体育锻炼的卫生与安全 二、培养自我保护意识 三、遇到紧急情况

由表3-4可知，在学生低年级阶段要了解自身基本知识和生理常识，在性心理发展方面主要以自信、自立、坚强等品质培养为主。同时，学习防病和安全常识，提高自我保护意识。配合合理的运动和休息，了解吸烟与饮酒的害处。在高年级阶段，陆续开始学习青春期性生理和性心理健康知识。在心理健康方面除培养独立能力、解决情绪问题外，还注重两性关系问题，其中两性关系的处理属于性道德方面的内容之一；在人体生理方面，介绍男女青春期第二性征出现的情况和了解人体内部主要器官，目的是减少青春期青少年面对自身发展变化所产生的疑虑和困惑；在作息方面，配合青少年的发展，讲解青春前期的体育锻炼和卫生内容；在健康和安全教育方面，主张营养的均衡和培养自我保护意识。

相较于中小学性教育起步阶段，在稳定发展阶段性教育教材内容不再以人体的八大系统为依托，而是注重性生理、性心理、性道德三方面相结合，更加符合青少年的身心发展需求，使得青少年能够了解自身发展状况及心理的变化，顺利地度过青春期阶段。这一时期的教科书内容中所包含性道德的具体内容见表3-5。

表 3–5　中学性道德教育内容

学校性道德教育内容	
一、树立正确的性道德观	1. 正确对待两性关系 2. 正确理解爱情的内涵
二、青春期应遵守的性道德行为规范	1. 男女平等 2. 尊重女性
三、处理好与异性的交往	1. 友好交往　互助友爱 2. 端庄稳重　自尊自爱

学校性道德的内容中包括性体育、性智育、性美育、性德育四个教学目标。青春期性德育中重要的是在异性群体交往中，通过知、情、意、行的过程掌握性道德原则、规范和行为修养，从中领悟两性交往的性道德原则等，进而形成正确的性爱观和爱情观[①]。

除了性道德教育外，性心理健康也是人体健康发展的重要条件之一，对于处在青春期的青少年来说性心理的发展尤为重要。在这个时期，青少年的心理正处于不断变化发展时期，人格和价值观等正在形成，容易受到周围因素和环境的影响，从而引发心理问题。在中学阶段，正值青少年的发展时期。在此阶段，更加注重青少年的身心健康发展，具体内容见表 3–6[②]、表 3–7[③]。

表 3–6　中学健康教育性知识内容（初一）

中学一年级（上）	中学一年级（下）
一、什么是健康	一、碘缺乏病的预防
二、怎样保护视力	二、肥胖的危害
三、饮食与营养（一）	三、挫折与焦虑
四、饮食与营养（二）	四、自傲与自卑心理
五、脊柱异常弯曲的预防	五、劳动的卫生和安全

---

① 张玫玫，等. 性伦理学 [M]. 北京：首都师范大学出版社，1998：119.

② 资料来源：表 3–6 是根据辽宁省教材编写组编写的《体育·健康教育》（九年义务教育初级中学课本，辽海出版社 1997 年版）整理而成。

③ 资料来源：表 3–7 是根据辽宁省教材编写组编写的《体育·健康教育》（九年义务教育初级中学课本，辽海出版社 2000 年版）整理而成。

续表

中学一年级（上）	中学一年级（下）
六、贫血的预防	六、意外伤害的防护（一）
七、神经衰弱的预防	七、意外伤害的防护（二）
八、肺结核病的预防	八、互救与自救方法

表3-7 中学健康教育性知识内容（初二）

中学二年级（上）	中学二年级（下）
一、合理平衡营养（一）	一、男性青春期的卫生保健
二、合理平衡营养（二）	二、培养高尚的性道德和行为
三、青春期的性发育与成熟	三、青春期的智力特点及培养
四、青春期性意识的产生和发展	四、营养缺乏对健康的影响
五、人类新生命的诞生	五、体育锻炼卫生
六、女性青春期的卫生保健	六、劳动卫生和安全
七、青春期的心理健康	七、意外伤害的防护
八、青春期常见的心理问题	八、互救与自救方法

由表3-6、表3-7可知，中学阶段在生理健康教育方面，注重饮食营养均衡发展，预防疾病的发生，注重青春期的性发育、性意识和性道德等，对青少年进行多方面的性教育；在心理方面，注重心理健康发展，帮助青少年形成正确的人生观、价值观，培养青少年自我调节能力，正确处理好心理发育过程中所出现的问题；在运动方面，注重增强体质、提高人的心理和生理水平，要求在锻炼过程中注意卫生与安全；在卫生保健方面，处于青春期的男女青年身体的形态和生理功能都发生着急剧的变化，因此主张在青春期养成良好的生活习惯，加强卫生保健，促进青少年的成长发展。在稳定发展阶段的学校性教育关注到性生理、性心理、性道德和性行为等内容，使得性教育的发展更加全面化、系统化，性教育内容更加科学、详细。

（三）中小学性教育深化探索阶段的目标（2001—2010年）

在深化探索阶段，内容体系日趋成熟、完善。随着经济水平的提高、文化的开放、人民生活水平的提升,在社会快速发展的今天其所存在的问题也在影响人们生存和发展。艾滋病已被我国列入乙类法定传染病,并被列为国境卫生监测传染病之一。我国政府及相关部门对此提出相应对策,实施预防艾滋病、性病的教育。因此在该阶段新增加了性健康与预防艾滋病这一内容。通过总结、归纳、分析此时期的性教育政策、教科书及中小学性教育资料,与前两个阶段相比发现其内容变化如下,具体见表3–8①。

表3–8 小学健康教育性知识内容

2002年《健康教育》		
第一章	人体生理	一、女性青春期生理变化与保健 二、男性青春期生理变化与保健 三、女性月经初潮 四、男性遗精
第二章	心理健康	一、情绪与健康 二、正确认识自己 三、两性交往
第三章	运动与休息	一、体育锻炼的好处 二、合理的作息制度 三、青春期的体育锻炼
第四章	疾病预防	一、预防传染病 二、认识性传播疾病 三、预防艾滋病与毒品 四、应对艾滋病方法
第五章	安全常识	一、体育锻炼的卫生与安全 二、培养自我保护意识 三、遇到紧急情况怎么办

如表3–8可知,对于性生理、性心理、性道德的内容变化不大,在疾病预防一章中除预防传染病外,加入了认识和预防艾滋病的内容,这在一定程度上有利于传播预防艾滋病的知识。青少年在青春期阶段性活动最为活跃,但控制性冲动的能力较弱,易受到艾滋病的威胁。2001年全世界新增500万名艾滋病患者,其中15～24岁的青少年占到50%。我国艾滋病统计报告显示,20岁以下感染艾滋

---

① 资料来源:表3–8根据胡忠良等编写的《健康教育》(九年义务教育小学试用课本,辽海出版社2002年版)整理而成。

病病毒的青少年占 10%[①]。每年艾滋病感染人数均呈现上升趋势，有效遏制艾滋病的方式之一是实行性教育。在中学阶段，应深入认识和了解艾滋病、性病，树立自我保护意识和性安全意识。具体内容见表 3-9[②]。

表 3-9 中学性教育所包含的预防艾滋病的内容

学段	预防艾滋病教学内容
初中阶段	一、性生理发育知识和卫生保健常识 二、认识艾滋病病毒（HIV）、艾滋病（AIDS）和性病（STD） 三、艾滋病现状及对个人、家庭所造成的危害 四、艾滋病、性病主要传播途径和不传播途径 五、预防艾滋病的方法和措施 六、不歧视和惧怕艾滋病病人 七、了解我国获取信息、寻求帮助的途径和机构
高中阶段	一、加强心理健康知识与责任感教育 二、认识到艾滋病对家庭和社会的危害 三、区别艾滋病病毒感染者与艾滋病病人 四、了解无偿献血知识 五、毒品危害、吸毒与艾滋病 六、判断是否感染了艾滋病病毒 七、预防艾滋病的方法和措施 八、反对歧视行为 九、了解我国预防和控制艾滋病的政策和法规

由表 3-9 可知，中学阶段的预防艾滋病内容和要求相较于小学阶段更加细化、全面、具体。在青春期阶段，青少年具有精力充沛、好奇心强等特点，但是非判断能力薄弱，易被不良因素所影响，应正确处理两性关系，不放纵、不滥交，保证自身的安全，避免性病的发生。

（四）中小学性教育全面革新阶段的目标（2011—2020 年）

在全面革新阶段，随着我国对中小学性教育的研究更加深入、科学、系统，此阶段的中小学性教育不仅重视青少年的身心发展和性道德、性健康方面，还重视预防性侵犯的问题。由于艾滋病、毒品、性侵案的人数和犯罪数量都在不断递增，所以应加强对青少年性安全和性法律的教育。在此阶段，性教育又增添了"性

---

① 王达，王琪. 现代青春期性健康教育专论 [M]. 哈尔滨：黑龙江教育出版社，2005：209.
② 陈铭德，朱琦. 性教育的困惑与对策 [M]. 天津：天津教育出版社，2006：233-234. 转自：中华人民共和国教育部，中华人民共和国卫生部. 关于加强学校预防艾滋病健康教育工作的通知 [Z]. 2002-05-28.

安全"这一新的内容,因此这一时期总体包括性生理卫生教育、性心理健康教育、性伦理道德教育、性公共安全教育4个方面。2011年由北京师范大学出版社出版、刘文利主编的《珍爱生命——小学生性健康教育读本》是性教育图书中的一个新的里程碑,打破了没有针对小学生的性教育图书的现状。《珍爱生命》系列丛书是历经9年的教学实验和10年的研究,依据《国际性教育技术指导纲要》编写而成,可作为学校开展性教育选择的教学材料[①]。其内容丰富,涵盖面广,符合青少年在发展的不同阶段的知识需求。在低年级阶段主要涵盖的知识点有:两性认识、认识人际关系、生活技能、认识身体、青春期性生理和性心理的变化发展、社会性别、预防和应对疾病等;在高年级阶段主要涵盖的知识点有:儿童性权利、生殖健康和健康行为、预防和应对儿童性侵害、青春期健康行为、认识和预防应对艾滋病病毒与艾滋病、认识价值观、性倾向、了解和预防青少年怀孕等。随着年级的升高,读本内所涵盖的知识点也随之增加。这就表现在每个单元主题下的知识点内容越来越丰富,即在上一阶段的基础上进一步拓展相关内容,符合不同阶段青少年的认知水平和学习能力的发展,确保不同阶段的青少年能够习得与自身发展水平相适应的知识量[②]。以《珍爱生命》为例,分析此阶段性教育图书的内容变化,具体见表3–10、表3–11[③]。

表3–10 《珍爱生命》低年级性知识内容

单元		家庭与朋友	生活与技能	性别与权利	身体发育	性与健康行为	性与生殖健康
一年级	主题1	热爱家庭	学做决定	性别	认识身体	探索身体奥秘	关爱身体
	主题2	珍视朋友	寻求帮助	书刊与成长	珍爱生命	养成良好的卫生习惯	爱护生殖器官
二年级	主题1	家庭是爱的港湾	学会交流	性别平等	人的诞生	身体接触	健康与疾病
	主题2	友谊是常青藤	正确对待同伴影响	电视与成长	不同与平等	身体的隐私部位	拥有健康

---

① 刘文利,元英. 我国中小学性教育政策回顾[J]. 教育与教学研究,2017,31(7):52.
② 裴习婷. 小学生性教育教材内容研究——以《珍爱生命——小学生性健康教育读本》为例[D]. 武汉:华中师范大学,2018.
③ 刘文利. 珍爱生命:小学生性健康教育读本(一至六年级)[M]. 北京:北京师范大学出版社,2015.

	单元	家庭与朋友	生活与技能	性别与权利	身体发育	性与健康行为	性与生殖健康
三年级	主题1	结婚与离婚	认识自我与他人	社会性别	青春期的身体变化	青春期的困惑	认识传染病
	主题2	宽容、接纳与尊重	学会协商	电脑、网络与成长	青春期来了	生命周期与性	预防传染病

表 3-11 《珍爱生命》高年级性知识内容

	单元	家庭与朋友	生活与技能	性别与权利	身体发育	性与健康行为	性与生殖健康
四年级	主题1	家庭成员的角色和责任	倾听、表达和理解	儿童权利	外貌形象	青春期性萌动	认识性传播感染
	主题2	认识人际关系	寻求帮助的渠道	儿童性权利	身体关注和接触	青春期性幻想与性梦	预防和应对性传播感染
五年级	主题1	建立并增进健康的友谊	学会做负责任的决定	预防儿童性侵害	生殖器官的结构和功能	自慰	认识艾滋病病毒与艾滋病
	主题2	消除歧视	学会拒绝	应对儿童性侵害	月经和遗精	青春期的爱情	预防和应对艾滋病病毒与艾滋病
六年级	主题1	认识婚姻	认识价值观	性倾向	卫生保健	健康的性行为	青少年怀孕
	主题2	养育子女	了解社会规范	性信息	健康生育	性生理反应及对策	预防青少年怀孕

由表 3-10、表 3-11 可知，性健康教育内容包含了性生理、性心理、性道德、性安全、性法制等方面，相较于之前，内容更加丰富、完善。且《珍爱生命》主要以性生理知识为基础，性道德教育为核心，性心理、性安全与性法制教育等为延伸。

综上，中国性教育的基本内容可以概括为以下三点：

1. 性知识讲授

性知识讲授的内容包括性生理卫生保健、性心理健康及性伦理道德教育。性生理卫生保健知识主要讲授男女生殖器官的结构与功能、第二性征的发育和保健等；性心理健康重点讲授青春期心理发生发展的特点及青春期心理障碍，如抑郁症、神经性厌食症等；性伦理道德教育是让青少年懂得并遵守自愿和无伤害、尊重和保密等基本的伦理原则。

2. 传授人际交流技能与性自我防卫能力

引导青少年建立良好的人际关系，促进男女间的文明交往，让学生学会协同父母建立良好的家庭人际环境；同时教会青少年懂得自身的性权利，学会认知、评估不安全的环境，掌握预防性暴力的技能和方法。

3. 预防艾滋病、性病

了解艾滋病、性病的流行趋势、危害性及传播途径；学会建立良好的性观念；掌握决策、人际交往和合理拒绝等技能；结合艾滋病、性病预防教育，在高中和大学课堂中介绍安全套的正确使用和相关的避孕措施，以及计划生育和人口教育等[①]。

第二节　新加坡性教育目标和内容

一、新加坡性教育的总体目标

性教育是人们获取性知识和性技能，进而形成正确的性态度和性价值观的过程。性教育包括生理、情感、智力、社会和伦理等方面。不仅涉及青少年成长过程中的生理变化、心理变化以及与他人交往时的情绪变化，同时也影响着青少年关于性的价值观和道德观的形成。新加坡教育部对青少年进行性教育的目的主要体现在以下几个方面：

1. 教授准确无误的性信息

包括人类成长过程中的性生理、性心理及由性引起的情绪变化等知识；怀孕、流产、避孕措施等内容；性侵害、艾滋病毒及其他性病毒的传播等信息。

2. 培养学生健康的性观念

通过案例讲解、故事分享等方法，在讨论中使学生形成正确的性态度和性理念，以此培养学生正确的性道德观和价值观，进而帮助学生建立自身的道德底线，尊重自己，也尊重他人。

---

① 季成叶. 学校性教育的性质、目标和任务 [J]. 中国学校卫生，2005（7）：615.

3. 培养学生做负责任的选择和决定的理念

向学生传授"婚前禁欲"的理念及随意性行为对自身和家庭的后果和影响。教育学生在与异性的交往过程中，能够做出负责任的选择和决定，抵制同伴压力或性诱惑，避免过早产生性行为。

4. 促进个体身心的健康发展

不仅向学生传授一定的认识自我的手段和方法，帮助学生更好地认识自己、管理自己的思维、情绪和行为。同时，也教授学生一定的社交技巧和方法，帮助学生更好地与他人进行沟通与交流，并与他人建立健康、负责任的人际关系，获得良好的两性关系，从而促进个体身心健康的发展。

二、新加坡性教育内容

学校是个体获取全面、系统的性教育内容的主要场所，也是政府工作目标的落脚点。这使得学校成为保障性教育得以实施最为关键的场所。因此，新加坡教育部通过规定以下内容来保障中小学性教育工作的关键一环得以真正的落实。

第一，制订了专业的性教育计划，这是新加坡学校性教育体系的重点。它规定了学校性教育课程的目标、内容和课时安排等，要求学校从其批准的外部提供者小组和提供者的课程中选择内容，以补充学校的性教育计划，还强制各个中小学对学生实施规定课时的性教育。

第二，强调了校长的职责。校长不仅要为性教育计划提供结构化的时间，确保性教育课程按照教育部全面性教育框架的要求进行，还要专门挑选由教育部培训的教师团队提供性教育。

第三，限定了教授中小学性教育教师的任职条件。其教师必须是由学校专门挑选并经过教育部专业培训。

第四，规定了学校辅导员有为学生提供有关性问题的建议和咨询的责任和义务[①]。

新加坡具有复杂的教育体制，对不同年级、不同水平的学生设置了不同的课程标准和教学大纲。因此，在对学生进行性教育时，不同程度水平的学生也将接受不同水平的性教育课程计划，采用不同的性教育教学资源包。

---

① Singapore Ministry of Education.Roles of stakeholders［EB/OL］.（2018-10-11）[2020-08-28]. https://www.moe.gov.sg/education/programmes/social-and-emotional-learning/sexuality-education/roles-of-stakeholders.

1. 成长岁月计划

成长岁月计划是从整体上解决人类性行为的项目，涉及生理、心理、行为、道德、情感和社会，包含与他人建立负责任的亲密关系、约会、步入婚姻、性行为的议题以及青少年随意产生性行为和婚前怀孕的后果等人类发展的主题①。该计划包含多个不同学习阶段的教学资源包，每个教学资源包又包含多个单元主题，同一单元主题又囊括了多个不同层次的内容。例如，小学高年级阶段的教学资源包是"好奇心灵（第2版）"（Curious Minds（2nd Edition））。其中包含的单元主题有："天哪，我正在改变！""我是谁？""我如何保证自己的安全？"等。中学的教学资源包又分为中学低年级阶段和中学高年级阶段两部分。中学低年级阶段的教学资源包是"青少年时期（第2版）"（The Teenage Years（2nd Edition））；高年级阶段的教学资源包是"理智与性行为（第2版）"（Sense & Sexuality（2nd Edition））。其中包含的单元主题有："真实的自我""关于爱""在十字路口"等。大学预科阶段的教学资源包是"爱情问题（第2版）"（Love Matter（2nd Edition））。其中包含的单元主题为升级版的"真实的自我""关于爱""在十字路口"。

2. 授权青少年计划（eTeens）

授权青少年计划是一项由健康促进委员会（Health Promotion Board，简称HPB）与教育部合作开发，预防艾滋病毒及其他性病毒传播感染的项目。该计划从健康的角度为学生提供有关预防性病毒和艾滋病毒感染及其传播方式的准确信息，帮助学生更好地保护自己。旨在使学生能够学会做明智的决定和正确的选择，以及面对性激进事件或同伴施加婚前性行为的压力时坚定地说"不"的技能②。因此，通过该计划的实施，加强学生对不同的性传播感染（STI）、艾滋病毒感染及其传播方式等的认识，更好地保护自身，防止感染。另外，该计划坚持家庭价值观，不仅宣传"婚前禁欲是青少年最佳的行动方案"的态度和价值观③，还让学生

---

① Singapore Ministry of Education.Scope and teaching approach of sexuality education in schools［EB/OL］.（2018 – 10 – 11）［2020 – 08 – 28］. https://www.moe.gov.sg/education/programmes/social-and-emotional-learning/sexuality-education/scope-and-teaching-approach-of-sexuality-education-in-schools.

② Singapore Ministry of Education.Implementation polices for sexuality education［EB/OL］.（2018 – 10 – 11）［2020 – 08 – 28］. https://www.moe.gov.sg/education/programmes/social-and-emotional-learning/sexuality-education/implementation-policies-for-sexuality-education.

③ Singapore Ministry of Education.Implementation polices for sexuality education［EB/OL］.（2018 – 10 – 11）［2020 – 08 – 28］. https://www.moe.gov.sg/education/programmes/social-and-emotional-learning/sexuality-education/implementation- policies-for-sexuality-education.

了解到性病毒感染或艾滋病毒感染对自身和家庭的影响和后果。

新加坡成长岁月计划和授权青少年计划在中小学的课程安排具体见表 3-12。

表 3-12　新加坡 GY 计划和 eTeens 计划①

项目	Growing Years（GY）成长岁月项目	Empowered Teens（eTeens）授权青年项目
小学	每年每级 4 个小时	普通学术课程（NA）
五年级	8 个 30 分钟的课程	普通学术课程
六年级	8 个 30 分钟的课程	
中学	每年每级 5 个小时	中学三年级 2 个小时
中一	5 个 60 分钟的课程	普通学术课程
中二	5 个 60 分钟的课程	普通学术课程
中三	5 个 60 分钟的课程	60 分钟的群众谈话和 60 分钟的课堂教学
中四	5 个 60 分钟的课程	普通学术课程
中五	2 个 60 分钟的课程	普通学术课程
初级学院和高级中学（JC 和 CI）	每年每级 3 小时	JC 和 CI 平均 1 个小时
JC 和 CI 1	3 个 60 分钟的课程	60 分钟的群众谈话
JC 和 CI 2	3 个 60 分钟的课程	普通学术课程

---

① Singapore Ministry of Education.Implementation polices for sexuality education［EB/OL］.（2018-10-11）［2020-08-28］. https://www.moe.gov.sg/education/programmes/social-and-emotional-learning/sexuality-education/implementation- policies-for-sexuality-education.

第 4 章

中国-新加坡性教育实施的途径比较

■ 第一节 中国性教育实施的途径

一、中国学校性教育实施的策略

1. 国家政策保障

国家在学校性教育方面的政策法规越来越完善,青少年的性教育、性权利、性安全越来越多地得到保护。从 1986 年国家教委和计生委联合发文《关于在中学开展青春期教育的通知》,到 1990 年国家教委和卫生部联合发文《普通高校要开展健康教育选修课或者讲座》,再到 2008 年,教育部印发的《中小学健康教育指导纲要》等文件的出台,显示了国家已逐步将青少年性教育纳入学校完整教育体系,落实到教学计划中。

2. 将性教育以课程形式纳入学校教育体系

将性教育以课程形式纳入现有学校教育体系是我国进行性教育的主要途径,具体实施形式各有不同。有些学校将性教育作为一门独立的课程开设;有些学校将性教育纳入学校已有的一门课程中,比如卫生课或生物课;还有些学校将性教育同时融入几门相关课程中进行,如公民课、卫生课和生物课。为配合学校性教育的实施,一系列性教育教材已出版。随着我国首套性教育教材——《初中生性健康教育》《高中生性健康教育》《大学生性健康教育》在黑龙江教育出版社出版,各地纷纷出版了一系列性教育教材,以配合学校性教育的开展。如江苏省首套青春期系列性教材《青少年性健康教育与预防艾滋病读本》、广西省首套中小学性教育教材《青少年性教育》、深圳市首部性教育读本《深圳市中小学生性健康教育读本》、北京市首部小学生性教育校本课程试点教材《成长的脚步》等。

3. 重视师资力量的培养

虽然学校性教育师资力量在我国还相当薄弱，但是近年来有所改变。继首都师范大学之后，成都大学成为全国第二个、四川省第一个开设性教育辅修专业的大学。国内还有不少大学开设了与性教育相关的课程，主要集中在医学院校和师范院校，如山西医科大学、上海第二医科大学、中山医科大学、北京大学医学部等，都开设有相关课程。开设性教育课程的师范院校更多。

二、中国性教育实施的途径

（一）学校

学校是开展性教育的主阵地。在我国，学校性教育主要通过以下方式进行：

1. 各科教学

我国中小学并没有专门的性教育课程，大多通过各科教学的方式如通过生物、心理健康、体育与健康、品德与社会（小学）、思想政治（中学）等课程对中小学生进行性教育。其中课堂讲授法是主要的授课方式，其他方式还有组织讲座、主题班会、讨论会、读书指导、心理辅导、网络教学及同伴教育等。

2. 性教育教师

2007年，教育部发布《中小学公共安全教育指导纲要》，指出在学校进行预防性侵害教育。但我国学校教育体系的课程安排接近饱和，不可能为性教育安排专门课时。性教育是一门对教师素质要求很高的教育，教师应具备很高的医学、生理学、性心理学等知识并能够用科学的方法洞察并排除儿童身心障碍的能力[①]。在我国，从幼儿园至高中，性教育教师是医学、心理学专业教师甚至是由班主任及任课教师担任，严重缺乏专业性，在一定程度上反而会形成误导。

---

① 孙纪玲. 我国儿童性教育存在的问题与策略研究 [J]. 现代教育科学，2011（2）：47–48.

（二）家庭

1. 家庭性教育的优势

一个系统的存在与其特有的功能是分不开的，功能的不可替代性决定了其存在的价值。家庭教育终究是一种特殊的教育形式，有许多区别于学校教育的特点。家庭是孩子的第一个课堂，父母是孩子的第一任老师。从孩子出生那一刻开始，父母就将与他们长期相依相伴，子女在无形中对家长产生了依靠、依赖、尊敬之心，家长在教育子女上具有很强的感染性和权威性。家庭教育始终伴随着孩子的成长，对孩子进行教育的时间也相对灵活，且具有连贯性和持久性。家庭教育侧重的是对孩子的个性、品德、气质、综合能力的培养，父母可以从日常生活的各个方面对孩子进行全方位、多层面的教育，这是学校教育所达不到的。家庭教育既是家长的有意识行为，也是家长无意识的影响过程。无论在教育范围、教育时间、教育内容、教育方式上都具有优势，是社会教育、学校教育无法替代的。就青春期性教育而言，家庭教育的优势主要有以下几点：

（1）具有启蒙性

家庭是孩子的第一个社会化场所，孩子最初的性知识是从家庭中获得的，如男人和女人有什么不同，男人应该怎么样，女人应该怎么样，身体的哪些部分是不允许他人触摸的这样一些有关性别的意识，以及对性别角色的期待、性的自我保护等知识，这些性教育知识首先是由父母传递给孩子的，是学校性教育的基础，有先入为主的特点，对孩子有启蒙的作用。

（2）具有私密性

由于性问题具有高度的个体性与隐秘性，出于害羞的心理大多数青少年不愿意将自己产生的性困惑、性焦虑等问题公之于众。他们最先想到的求助对象是父母。在家庭中，父母把孩子视为自己生命的延续，父母对孩子的爱是自然生成的，而孩子对父母的依赖也是与生俱来的，正是由于这种亲密的血缘关系，使孩子对父母有一种特殊的信任感，同时因为家庭是一个私密的场所，所以孩子可以毫无顾忌地向家长倾诉，从而使问题能得到及时的解决。

（3）具有针对性

针对性是指教育工作能从实际出发，有的放矢，其前提条件是充分了解受教育对象。人们常说："知子莫若父。"最了解孩子的是家长，是父母。由于个体差异，青少年进入青春期的时间是不同的,有的早一些,有的晚一些。每个孩子对于性困惑的表现也是不同的,有的表现在心理方面,有的表现在生理方面。父母几乎每天都和孩子生活在一起,对孩子的了解比其他任何人都更深刻、更全面。父母不但可以在生活细节中直接观察到子女身心的变化,而且能够及时发现孩子成长过程中出现的问题,第一时间做出相应的教育计划,同时根据孩子自身的特点采取有效的方法。

(4) 具有潜移默化性

家庭是一种对个体终生产生影响的教育场所,人们在一生中始终都直接或间接地接受着父母及其他家庭成员的教育和影响,这种长期连续进行的家庭教育,对子女各方面的影响都是深刻而持久的。青春期性教育不仅指性知识的传授,还包括性道德、性法制、性文明的教育,培养青少年健全的人格。因为与孩子朝夕相处,父母对性的态度和行为将会对孩子起示范作用,并且渗透在生活的方方面面,这将对孩子产生潜移默化的影响,这种影响将会持续终身。

(5) 教育方法具有灵活多样性

与学校教育相比,家庭教育在教育的目标、方法、地点和时间上都缺乏系统性,家长和孩子往往会忽视彼此的教育者和受教育者的身份。在家庭中,家长对孩子的教育往往相机而教。如在休息、娱乐、闲谈、家务劳动等各种场景中,甚至在带孩子走亲、访友、逛商店、参观、旅游等活动中,也能利用一切时机对孩子进行教育。这就使得家庭教育的内容更丰富多彩,方法更具体形象、时间更机动灵活。这不但符合儿童、青少年的心理特点,而且孩子更乐于接受。

2. 家庭性教育的内容

从有关家庭性教育的研究看,任何时期的家庭性教育,主要的内容都可以归纳为4个方面:性生理、性心理、性伦理道德、性法律。但针对不同时期的孩子,家长根据孩子身心发展规律和生理发育的时间,对孩子进行性教育的内容侧重点不同。

(1) 学龄前儿童的家庭性教育内容

学龄前家庭性教育的内容包括以下5点:第一,性别角色教育;第二,正确回答孩子的性问题;第三,及时纠正孩子不良的性习惯;第四,尊重和爱的教育;第五,安全教育,尤其是自我保护和预防性侵害[①]。

---

① 王晓平,范文坚. 如何对幼儿进行性教育 [J]. 教育导刊, 2010 (5): 85-86.

（2）青春期家庭性教育内容

青春期家庭性教育内容的安排与选择是以性生理知识为起点，性心理指导为特点，性道德、性审美教育为重点。通过性教育使青少年正确认识青春期身心发展变化，注意保护身体，养成卫生习惯，培养他们具有良好的心理素质、道德修养和审美素质，懂得自尊、自爱、自重、自强，具有自我控制能力，能正确对待男女之间的友谊，珍惜青春年华。具体包括以下 10 点：第一，性生理发育的科学知识；第二，女孩初潮、男孩遗精的态度和有关知识；第三，关于自慰的解释和态度；第四，青春期的情绪和情感的调节；第五，如何与异性健康交往，避免发生早恋；第六，心理上独立与"断乳"，顺利度过青春期；第七，正确处理健康的人际关系；第八，帮助青春期的孩子疏导性心理问题；第九，自我保护教育；第十，性伦理、性道德、性法律法规等知识。可以归纳为性生理、性心理和性道德、性审美 4 个方面[①]。

性生理教育。主要讲解生殖系统的结构和功能，性的发育、月经、遗精等生理现象。通过讲解提高青少年对性的科学认识，消除神秘感。性卫生知识包括生殖器卫生、月经期卫生及性疾病的防治知识等。此外，还应该讲解性体育保健，例如，女性青少年不要因乳房发育增大而觉得难为情，继而采取束胸的做法，也不要怕身体长胖而长期节食、勒腰。并要注意摄取足够的营养来保证身体的健康成长。

性心理教育。主要包括月经、遗精的心理准备，频繁手淫的心理危害，与异性相处的正确态度等。人到青春期，由于内分泌的变化，常常表现为情绪容易激动，心情烦躁，爱发脾气，尤其是少女在月经期间情绪激动表现得更为突出。所以，青少年应该有心理准备，要用理智控制自己的情绪。帮助青少年了解青春期性意识发展的一般规律，破除愚昧落后的性观念。帮助他们克服由于性生理的发育变化而产生的心理障碍，正确认识性欲和提高控制性欲的自制力，防止由于性禁锢或性放纵造成的心理变态。同时要注意防治青春期常见的其他心理疾病。

性道德教育。即培养孩子符合社会文化所要求的做一个男人或一个妇人所要遵从的道德规范。对孩子进行幸福观、友谊观、恋爱观、贞操观、荣誉观、法制观的教育，培养青春期孩子高尚的情操，帮助孩子养成文明礼貌的行为习惯。2015 年，贺英勤教授在《中国性科学》中谈到，现今仅对青少年采取单纯性知识

---

① 家庭性教育［EB/OL］.［2020 - 09 - 08］. http://www.docin.com/p-341498052.html.

教育不可取，也不可能成功，因为控制人类性行为的力量不仅是性知识，更重要的是依靠性道德的约束，所以对青少年开展性道德教育刻不容缓①。在对青少年进行性道德教育过程中，既要摒弃"男女授受不亲"的封建观念，也不能忽视"男女有别"的基本事实。提倡男女青少年之间广泛的友谊和文明的交往，培养男女青少年彼此尊重、相互关心的良好风气；反对男女交往上的轻浮、粗俗、不严肃的作风。

性审美教育。提高孩子性的审美意识。性的审美教育就是要陶冶人的心灵，净化人的感情，使人的性观念得以升华，努力使自己的身心都得到健全的发展，学会按照美的规律来塑造自己。

除此之外，我国也有学者参考了美国哥伦比亚大学精神病学系教授贾斯汀·里查森、加州大学洛杉矶分校小儿科及公共卫生系副教授马克·查斯特的观点，依据孩子的认知与发育水平，给出家庭性教育4堂课的建议，主要划分为以下4个部分②：

第一课：认识身体（出生～4岁）

孩子最初4年的性教育重点就是认识身体。父母应着重强调身体的美好，触摸时所产生的愉悦、信任与亲密。

这个阶段最重要的课程，是父母用关爱的方式，把性器官的名称一一告诉孩子。小男生应该能说出阴茎和睾丸、阴囊，小女生则应该知道外阴部和阴道，孩子应该知道两性身体的差异。

第二课：性是什么？（5～8岁）

4～8岁是教孩子从哪里来的最佳时机，教导的内容包含性交、卵子与精子、怀孕和生产的过程。

第三课：青春期来临前（9～12岁）

在孩子进入青春期前，坦白而正面地告诉孩子青春期会有的变化，重点有：女孩的月经及处理方式、男孩的勃起与射精（包括梦遗）、女孩胸部的发育、男孩女孩某些地方会长出新毛发以及性别吸引和其他冲动等。

第四课：青春期（13～17岁）

当孩子问任何与性相关的问题时，父母应先肯定他的求知欲。在回答孩子的

---

① 佚名. 350万人次收视的背后：中国性教育需要大声说、努力做——中国性学会"六一儿童节"性教育特别直播节目受热捧 [J]. 中国性科学, 2020, 29（6）：2.

② 晓梅. 家庭性教育的4堂必修课 [J]. 婚姻与家庭（性情读本），2018（3）.

问题前，先帮孩子厘清他已经知道了哪些、他为什么好奇。

如果父母当下觉得尴尬或知识不足，可以告诉孩子需要一些时间，事后陪孩子一起查找资料或求助他人。千万不要敷衍孩子，那会关上以后孩子向你求助、求知的门。

3. 家庭性教育实施的原则和方法

（1）家庭性教育实施的基本原则

家庭中对幼儿进行性教育应遵守的原则是："因人而异，自然，循序渐进，正确引导。"[①]若要将家庭性教育的基本原则细分，则儿童家庭性教育应遵循的原则有以下 7 点[②]：

① 尽早原则。家庭性教育越早越好，尤其对女孩的自我保护意识，应该尽早灌输。在青春期前进行相关的性教育，可以减少孩子的尴尬和冲动。

② 循序渐进。在孩子的不同阶段按照其生理、心理的发展特征，根据孩子的接纳能力和成熟程度进行相应的教育，是培养孩子人生观和性价值观的必要过程。

③ 柔性教育。不要对孩子一本正经地进行强硬的"教育"。应该把相关的知识和理念贯穿于日常生活之中，在不知不觉中向孩子"渗透"你的主张。

④ 以人格塑造为目的。性教育不仅是为了避免受到伤害，最终的目的是把孩子教育成人格健全的人。所以应该强化自尊自爱和责任教育，让孩子能够辨识哪些可以做，哪些不可以做，并有能力去掌控。

⑤ 明确本能。应该让孩子明白，每个人都是有性欲的。出现一些生理和心理的反应都是正常的。这可以让一些青春期初期的孩子减少因性生理发展而带来的焦虑和恐惧。

⑥ 避免性丑化。性本非恶。应该让孩子明白，一切因性产生的不良后果，错误不在于性，而在于人。引导孩子明白，命运是掌握在自己手中的，而不是任由他人操纵或者尝试去操纵他人的。

⑦ 强调责任。教育孩子懂得以负责任的态度处理性和情感问题。应该让孩子明白，在对待与性有关的事情上，孩子有权自己选择和做主。但这种选择和做主，应该是负责任的、明智的、顾及自己也顾及他人利益的。

---

① 王晓平，范文坚. 如何对幼儿进行性教育［J］. 教育导刊，2010（5）：85-86.
② 性教育原则［EB/OL］.（2018-04-22）［2020-09-08］. http://bbs.guahao.com/topic/VvibH225265?chb=0120000005.

(2) 家庭性教育的方式方法

首先，家长要转变自身固有的传统观念，主动学习正确的性知识，用积极的心态和方式来引导孩子正面看待性，要在恰当的时间，运用适当的方法引导孩子形成正确的性价值观和树立正确的性道德观。

其次，要针对不同年龄阶段的孩子采用不同的教育方法：

针对年龄较小的幼儿，家长可以采用"生活指导法、性别认同法、感情相融法、规范和示范法、心理疏导法"等方法[1]。

针对儿童时期的孩子，家长要"成为教育儿童的榜样、倾听儿童的语言、观察儿童的变化、在绘本阅读中对儿童进行性教育、在游戏中对儿童进行性教育、给予儿童更多的体验机会"[2]。

针对青春期的孩子，家长要"通过实例理论联系实际，和孩子进行双向的信息和情感的交流"[3]，主动创造教育的机会。

最后，教育部联合全国妇联、关工委等部门依托各级各类学校，建立了34万所家长学校，组织家庭教育指导队伍，在开展家庭教育宣讲咨询活动中，纳入儿童防性侵的内容[4]。

除此之外，也有学者对现今家庭性教育家长所用的方法进行了调查，如：学者苏文青就对我国现阶段家庭开展性教育的主要方式进行了调查（见表4-1）。

表4-1 家庭开展性教育的主要方式

家庭性教育方式	频数	比例/%
主动开诚布公的教育	46	22.0
他问你答	44	21.1
买相关书籍让他自己看	49	23.4
用语言暗示	62	29.7
从来没有进行过性教育	8	3.8
总计	209	100

---

[1] 魏巍，罗晓飞. 浅谈幼儿家庭性教育的方法 [J]. 时代教育，2007（9）：69-70.
[2] 刘爽，刘文利. 父母对儿童性教育的有效方式 [J] 江苏教育，2018（24）：56-57.
[3] 王改芳. 浅谈青春期家庭性教育 [J]. 中国性科学，2010，19（11）：35-36.
[4] 中华人民共和国教育部. 教育部对十三届全国人大一次会议第1152号建议的答复 [EB/OL].（2018-12-25）[2020-09-06]. http://www.moe.gov.cn/jyb_xxgk/xxgk_jyta/jyta_jiaocaiju/201812/t20181225_364772.html.

通过观察表 4-1，可以发现在父母进行家庭性教育的方式中，"用语言暗示""买相关书籍让他自己看"的选项占到总量的 53.1%。不难发现，父母的性教育方式有待提升，应该帮助父母寻找到适宜的性教育方式；当以"用语言暗示""买相关书籍让他自己看"的方式对青少年进行性教育时，往往不能达到预期的结果。主动开诚布公的教育、他问你答的选项占到总量的 43.1%，这些父母认识到青少年性教育的必要性，但是应加强他们的性教育知识和性教育技能方面的培训。此外，还有 3.8% 的父母从来没有对孩子进行过性方面的交流或沟通。

4. 家庭性教育案例

个人情况：小 A，女，14 岁，初二，现就读于一所重点中学，成绩优异，"内隐"型性格。

家庭基本情况：父母管教严格，观念传统，家庭条件优越，家庭氛围紧张，性教育缺失。

采访记录：（以下采访对象简称 A，采访者简称 Z）

Z：谈谈你的爱好，喜欢的书、杂志什么的吧。

A：偶尔看看杂志，家里订的《读者》。

Z：平时看电视吗？看什么节目？

A：很少看，父母不让看，看也是跟着看他们喜欢的节目。

Z：自己一点选择权也没有吗？

A：没有。

Z：平时上网吗？

A：很少，我已经半年没上过了。

Z：你们学校的情况如何？

A：管得很严，老师也抓得很紧。

Z：父母做什么工作的？

A：我爸是搞机械的（在高校任教，研究机械学），我妈是会计。

Z：家里经济条件应该不错吧？

A：还可以吧，我们班同学家条件都挺好，好多家里都买车了。

Z：平时与父母有沟通吗？

A：不太多，主要是说学校的事。

Z：觉得父母的教育方法怎样？

A：……他们对我管得很紧，每天接送我。

Z：每天接送？学校离家远吗？（我有些惊讶）

A：不远，他们自己要这样，从小就一直送。

Z：对此你有什么看法？

A：习惯了（无动于衷地），我所有的事都是他们安排好的，我什么都不用管，也从来不需要自己买一样东西。

Z：从来没买过吗？比如说：学习用品。

A：没有，他们全给准备好了，需要什么说一声就行了。我妈说这样可以节省我的时间。

Z：手机呢，也是家里给买的？（我看她不时地摆弄着手机）

A：我爸买的，方便联系我。不过每天放学到家后就得上交，第二天上学再还我。

Z：为什么这么做？

A：怕耽误学习吧。

Z：什么时候来月经的？

A：初一。

Z：来的时候有没有感到恐慌？

A：没来前我就有些担心了。

Z：为什么担心？

A：当时女生间都在相互传这类事，有的女孩已经有了这种情况，有的还没有，大家还相互猜测，私下里神神秘秘地议论，我也被议论过，心里很难受……

Z：有没有告诉父母？

A：跟我妈说了。

Z：在这之前，父母告诉过你这方面的事吗？

A：没有说过，来那个以后，我妈才说了一些卫生知识。

Z：你知道月经期间需要注意什么吗？

A：不能吃冷的，不要乱跑。

Z：你从哪里获得性知识？

A：身边的朋友。

Z：和父母能谈谈这个问题吗？

A：没谈过，不好谈，也没想过和他们谈这个。

Z：平时与男孩交流多吗？

A：不太多，就是和坐在后面的男生说说话。

Z：你们同学或朋友中存在男女生交往密切的现象吗？

A：有，好几对，有的是和自己班的，有的是和外班的。

Z：有没有印象比较好的男孩？

A：嗯（她犹豫了一下）……我不知道算不算好感，反正看不到他心里就空空的，很难受，好像是在受煎熬。

Z：为什么会对他产生好感呢？

A：第一感觉吧，说不清。

Z：现在还有这样的感觉吗？

A：已经不那么强烈了，而且现在学习很紧。

Z：你父母知道这件事吗？

A：不知道。我没告诉他们，但我妈好像有点察觉，她没直接问我什么，而是旁敲侧击地暗示我，要我注意点，说女孩最重要的是要洁身自爱，让我不要乱想，好好学习。我从小就接受这样的教育，他们随便说一句这样的话，我心里都会难受。

Z：这件事对其他人说过吗？

A：朋友，但是同朋友也讲不了这么多，我就写日记，写下来觉得好受多了。

Z：这件事对你的学习有影响吗？

A：还是有影响的。有时心情起伏会很大，什么也看不进去，什么也做不了。

Z：你觉得需要学会自我保护吗？

A：我妈常对我说，不要和男生深交，不要伤到自己。

Z：有没有自己真正想要追求的东西？

A：没有，想了也不可能实现。

Z：说说看？

A：最希望的就是能一个人住。（她眼中流露出无比向往的神情）

Z：为什么会有这种想法？

A：我在家整个人是透明的，他们什么也不让我做，连同学过生日都不让我去。

Z：为什么不让去？是不是因为去男生家？

A：不是，女生家也不让去，害怕我受到不好的影响。

Z：有好朋友吗？

A：以前有一个特别好的朋友，从小一起长大，后来她出国去念书了。现在身边的朋友，我妈都说不好，不是说人家思想太成熟，就是心眼太多，怕我和她们在一起会学坏、会吃亏，不赞成我们交朋友，所以现在都不怎么来往了。

Z：了解艾滋病吗？

A：不太清楚，好像不能治。

Z：知道它的传播方式吗？

A：（迟疑了一下）毒品[①]。

分析：小A属于比较内向、敏感的女孩。从上述的访谈中可以看到，她往往下意识里回避有关"性"的问题，回答也十分简短而被动，完全由采访者驾驭对话的情况较多。这与她从小受的教育有很大的关系。父母难以用一颗平常心去看待，不能与自己的孩子坦率地讲性，这种观念已经深刻地影响到了子女。小A从小就被父母保护得严严实实，初中后仍然由父母负责接送，读的杂志是家里订阅的，看的节目是父母安排好的，有手机但每天必须定时上交，从来没给自己买过一样东西，家中虽然有电脑，但已经半年没碰了。因为担心会学坏、会吃亏，父母甚至不赞成她结交同性朋友，对女儿结交的朋友很警惕，连女同学过生日也不让参加。在这样严格的管束下，小A的生活基本维持着学校、家庭两点一线，除了学习之外几乎没有其他的生活内容，更没有自己选择的机会。

性知识应该是一个生活常识。然而在青春期，小A几乎没有接受过任何性教育。对自身生理发育、心理变化的不理解，使小A产生了焦虑。在初潮前，没有人告诉过她这方面的事，班里女生间相互的议论、猜测，使她非常担心，却只能把这种不安和恐惧深深埋在心底。第一次月经来了以后，母亲仅仅是告诉了一些经期的卫生知识。当采访者询问她月经期需要注意的事项，她的回答是"不能吃冷的，不要乱跑"，这表明她连一些最基本的生理常识都无法完全掌握。

异性相吸，在青春期尤为明显。小A发现自己开始注意异性的一举一动，渴望与他们交往，尤其是自己心仪的男孩，身体内开始滋生一种陌生而又甜蜜的感

[①] 张娜艳. 走在"成人"的路上 [D]. 南京：南京师范大学，2007：20-21.

觉，但是在感情碰到一些问题后情绪会起伏不定，从而产生焦虑感。青少年往往身体早熟，但心理、感情上却不成熟。这种对异性的好感，带给小 A 的不仅是兴奋，还有不安与矛盾。当小 A 出现对异性不确定的好感而产生苦恼时，换来的不是父母帮助排除苦恼的信息，而是严厉的告诫，使小 A 觉得很难受，甚至产生罪恶感。其实，她的行为仅仅是青春期的一种朦胧意识而已，青春期的孩子出现对异性不确定的爱慕、好感，是十分正常的，如果家长一味地厉色告诫，甚至兴师问罪，带给心理上不太成熟的青少年的，往往是压抑与伤害。

渴望与朋友交往，认识的朋友又太少，心中的感情和想法没有人可以倾诉使小 A 感到孤立无援。为了排遣内心的烦恼，只好把内心的秘密用文字表达出来，在她看来，写日记就像和朋友聊天，只有通过这种方式，才可以摆脱父母的管束，可以畅所欲言，宣泄身体上、情感上的苦恼与压抑。最后，小 A 道出了心中最大的期望，即离开父母一个人独立生活。虽然是个内向的女孩，但因为进入了"逆反"的青春期，多少还是具有反抗意识的。

这一切与家长的教育是息息相关的。在中国，内向的孩子比外向的孩子有更多的性行为问题，基于此，小 A 的个案具有一定代表性。

（二）社区

社区是开展性健康教育的有利阵地，社区是社会的缩影。社区性教育是社区健康重要组成内容之一，社区性教育主要体现在社区健康教育内容之中。社区健康教育（Community Health Education）是指以社区为单位，以社区人民为教育对象，以促进居民健康为目标的健康教育活动[①]。社区开展性教育有助于辅助学校开展性教育，社区性教育覆盖的年龄阶层更广泛，有助于全面性教育的普及和规范。

1. 社区性教育的特点

社区性教育的特点主要体现在社区健康教育的特点之中，社区健康教育以健康为中心，以传播、教育、干预为手段，以行为改变为目标，具有以下特点：

① 广泛性。社区的居民包括病人、残疾人和健康人，人员构成复杂且年龄跨度大，因而具有广泛性。

---

① 田本淳. 健康教育与健康促进使用方法 [M]. 北京：北京大学医学出版社，2005：350-360.

② 连续性。社区健康教育以健康为中心贯穿人的一生，即出生到死亡，针对各个年龄阶段、各类疾病的不同阶段，健康教育的内容、形式均有所不同，要求从业人员不间断地、全面地、综合地给予健康教育[①]。

③ 多学科性和跨学科性。社区健康教育由多门学科发展而来，从大学科的角度看，健康教育既有自然科学特征也有社会科学特征，而且更靠近社会科学[②]。

④ 社区的特色性。社区教育是根据本社区特定的人文、地理和社会的特点，开展多形式、多层次、多类型的教育活动，这是相对现代其他教育而言的，是社区教育的主要特点。

⑤ 教育与生活、发展的关联性。社区教育是社区与教育互动结合的产物，是与社区生活、社区及其成员发展紧密结合，并围绕社区问题而开展的。

⑥ "三全"的统一性。"三全"是指面向社区全体成员的全员教育，指向社区成员的终生发展的全程教育，满足社区成员各方面的教育需求的全方位教育。

⑦ 整体性。各类社会形态、各类教育机构、教育力量、教育资源、教育因素之间相互协调，形成的整体的"教育合力"[③]。

2. 社区性教育的内容

关于社区性教育的内容，不同的学者有不同的观点：蒋湘萍、唐弋（1999）将社区特殊的教育内容分为：妇女保健知识、儿童保健知识、中、老年保健知识[④]；郭明贤和罗羽（2004）将健康教育基本内容按城市社区和农村社区进行了分类[⑤]。笔者认为，社区性教育内容按照对象划分可以分为：社区青少年性教育内容、社区中年人性教育内容、社区老年人性教育内容。此处重点论述社区青少年性教育内容。

（1）青少年各个年龄发展阶段的生理和心理特点

青少年是个体从童年向成年过渡的人生关键时期，我国青少年的年龄段界定为 10～22 岁，也就是从女生来月经和男生发生遗精现象开始到大学学业完成，教育的阶段可分为四个，依次是：小学性教育、初中性教育、高中性教育和大学性

---

① 郭明贤. 罗羽，健康教育学 [M]. 北京：人民军医出版社，2004.
② 田本淳. 健康教育与健康促进使用方法 [M]. 北京：北京大学医学出版社，2005：350-360.
③ 刘尧. 社区教育的内涵、特点与功能探讨 [J]. 西北农林科技大学学报（社会科学版），2010，10（3）：110-114.
④ 蒋湘萍. 唐弋，健康教育学 [M]. 广州：广东高等教育出版社，1999：161-166.
⑤ 郭明贤. 罗羽，健康教育学 [M]. 北京：人民军医出版社，2004：134-156.

教育。青少年性教育不仅仅包括性的生理、心理、卫生等知识，而且还要灌输适合于中国社会文化的性道德和性法律。

① 性生理教育。性生理教育亦即性知识教育，这是对青少年学生进行科学的性卫生保健知识的教育。通过性生理教育，使青少年能正确理解性别的内涵，培养健康的性意识。

② 性心理教育。一般说来，生理发育是心理发育的前提。一个真正健康的人，不仅体现在体魄的健全上，同时体现在心理健康上。

③ 性道德教育。性道德教育是青少年性教育的核心内容，它贯穿于生理、心理和法律教育之中。

④ 性法律教育。性法律教育是青少年性教育的一个重要组成部分。恋爱、婚姻以及性行为不仅会涉及道德的约束，也同样要受到法律的约束[①]。

（2）中小学生防性侵教育

中小学生防性侵教育，主要有以下 5 点[②]：

① 身体界限。首先，认识自己的身体。身体不是仅仅眼睛看到的地方，感觉、思想都是身体的一部分。其次，隐私处是不允许别人侵犯的，做自己身体的主人。隐私处是指所有性器官，包括生殖器官、胸部、臀部、嘴，这些地方，不经过你的同意，谁都不可以碰。

② 安全界限。遇到陌生人问路时，可以指出路线，但要保护自己，不可跟着陌生人一起去。会做坏事的人也不一定是陌生人，不管是谁做出让你感到不安全、不舒服的事，都要说："不要！"更不要到阴暗偏僻的地方去。

③ 远离危险。不该去的地方、觉得危险的人，要远离才好，能跑多快，就跑多快。一旦受到性侵，生命是最重要的，同时要告诉家长。这时家长请相信孩子所说的，并告诉孩子不要难为情，这是别人犯下的错，不是他做错了事。家长陪孩子走过这一段，是最好帮助他/她的方式。

④ 保护自己。只要有人让你有不安全、不舒服、不高兴的感觉，不管他是要碰你，或者只是要和你说话，不管他是谁，最好都能马上跑走，免得他再侵犯你的身体界限。

---

① 吕欣欣. 论当代中国青少年性教育 [D]. 海口：海南师范大学，2007：15.
② 中华人民共和国教育部. 教育部对十三届全国人大一次会议第 1152 号建议的答复 [R/OL]. (2018-12-25) [2020-09-07]. http://www.moe.gov.cn/jyb_xxgk/xxgk_jyta/jyta_jiaocaiju/201812/t20181225_364772.html.

⑤ 创造机会逃脱。当孩子身体的隐私部位受到某种不适当的触摸或被迫暴露于某种性侵犯时，非常简单的办法是让孩子采取以下3个行动：用非常肯定或"重要"的语气，清楚地说"不要碰我"；尽快地离开；尽快将自己所经历的事情告诉自己信任的一个成人。与学生一起练习上面的安全规则，包括使用"重要"的语气。这种语气应该是有力的和非常严肃认真的，使对方感觉到孩子在说什么，而且是坚定的和非常有力的。

此外，要教孩子学会自我保护，任何人提出的性接触，都要断然拒绝。如果发现对方不怀好意，一定不要惊慌失措，沉住气，尽量为自己创造逃脱的机会。（比如自己要上厕所或者告诉对方自己的家人或者亲戚马上要来这里找自己），若不幸真遇到这类事情时，孩子要告诉家长或者自己信任的人，求得帮助。

（3）青少年性与生殖健康宣传教育

国内对青少年生殖健康的研究呈现区域不平衡状态。经济发展好的地区对青少年生殖健康关注得早，研究范围也比较广，从青少年生殖健康现状、问题到对策、干预以及干预效果评估，研究得比较全面、深入。例如北京、上海、深圳青少年生殖健康促进政策及实施力度大、支持项目多、政府重视程度较高。经济发展较落后的地区对青少年生殖健康不够重视，研究较少，缺少对区域内青少年生殖健康状况的整体把握，有针对性的干预就更少①。

需要注意的是，目前由于我国社区性教育力度不足，社区内的家庭对性教育存在误解，对性教育避而不谈，这会影响社区儿童青少年生理、心理及社会交往的健康发展，更有可能衍生出性侵犯、未婚先孕等社会问题。为此，社区性教育应从家庭开始，社会工作者应以预防性和补救性服务为主，以专业方法改善社区家庭的性教育观念，向社区家庭传授性教育的正确方法和技巧。同时，提升社区儿童青少年对性教育的认知，维护他们的生理、心理、社交健康，关注他们的同伴关系，教会他们正确分析和过滤从各种媒介获取的信息，教导他们有意识地以实际行动拒绝性侵犯。

针对社区家庭的性教育，应包括性别角色的辨析、健康的性生理和性心理教育、自我保护教育、正常的社区交往等不同层面。面对幼儿期的服务对象，应引导他们正确辨析性别的角色、学会尊重他人的身体和隐私，澄清生命的来源是基

---

① 马丽娜. 国内学者青少年生殖健康研究综述 [J]. 文化创新比较研究, 2020, 4 (4): 15-16, 24.

于父母相爱，教授他们自我保护和预防性侵技巧。对于儿童期的服务对象，需要引导他们深入了解性别角色，帮助他们增加正确的性知识，为青春期的来临做好准备，并且感受到家庭互信互爱的关系，引导他们健康过渡到青春初期。对于青春初期的服务对象，需要让他们了解并适应青春期的生理和心理变化，对性感觉、性反应和性取向有基本的认识，建立正确的婚恋观念及性观念。

3. 社区性教育的实施

社区性教育的实施，包括社区性教育实施规划的原则和社区性教育实施的方法。

（1）社区性教育的实施原则

① 明确目标性原则。社区健康教育须有明确的总目标和具体目标。社区性教育的开展围绕明确的总目标和具体目标而进行，并要确保目标的实现。

② 前瞻性原则。社区健康教育的制定规划要考虑未来，目标具有长远的意义，对于健康教育的实施具有指引的作用。

③ 整体性原则。社区性教育是健康教育的重要组成部分，社区性教育要明确把握健康教育的总目标。

④ 从实际出发的原则。从实际出发制定社区性教育的要求，社区性教育要考虑到目标人群的宗教信仰、思想观念、年龄阶段、知识水平等因素。

⑤ 广泛参与性原则。要考虑到目标和社区群众需要解决问题的切合程度，鼓励社区群众广泛积极参与，实现社区性教育的实施效果。

⑥ 重点突出性原则。社区性教育的主题要重点突出，针对所进行性教育群体的特殊性，要重点突出性教育所对应的内容。

⑦ 弹性原则。在社区性教育实施中，要留有余地应对突然变故，但遵循不随意、任意修改实施规划[①]。

（2）社区性教育的实施方法

社区性教育的实施按照不同的分类角度有不同的方法。

从总体社区的角度，社区性教育的实施方法分为4个方面：

① 通过政府支持和相关政策的规范。政府通过行政、财政手段进行干预，相

---

① 武鸣. 李小宁，社区健康教育指导手册［M］. 苏州：苏州大学出版社，2016：160.

关政策与文件的支持，有利于推动社区性教育工作的开展①。

② 利用大众传媒。利用互联网、电视、电影、杂志、报纸等媒介进行社区性教育②，建立健全社区性教育活动网络。

③ 动员社会力量，鼓励社区居民广泛参加，保证社区性教育活动、网络活动项目及社区性教育活动的落实。

④ 设立社区性教育培训机构。开展社区性教育活动，满足普及社区性教育的需求，组织社会性教育专业人员的培训，形成骨干队伍。

按照城市和农村的社区差异，分为城市社区性教育的主要方法和农村社区性教育的主要方法③：

① 城市社区性教育的主要方法。

第一，发展社区卫生服务中的性教育。

第二，利用各种传播渠道普及性科学知识。

第三，结合城市开展健康教育和组织卫生运动展开社区性教育主题活动。

第四，设置性健康教育小区的评审活动。

② 农村社区性教育的主要方法。

第一，深入开展农民性教育活动。

第二，开发利用农村传播媒介和渠道，充分利用农村人流量集中的地方或节日，例如集市、传统民族节日等。

第三，结合农村疾病防治开展性健康教育。

第四，抓好城乡接合部和乡镇社区性教育。

此外，儿童性侵案件在农村及城乡结合部等地区呈多发、上升的趋势④。据2018年民政部消息，截至2018年8月底，全国共有农村留守儿童697万人，主要集中在中部地区五省（安徽、湖南、河南、江西、湖北），其次西部地区两省（四川、贵州）⑤。为此，农村社区性教育更需要关注儿童防"性侵"宣传教育活动，

---

① 许雪松. 社区健康教育的基本形式与方法运用[J]. 中国医药指南，2013（6）：394-395.

② 蒋湘萍. 唐弋. 健康教育学[M]. 广州：广东高等教育出版社，1999：161-166.

③ 郭明贤. 罗菲. 健康教育学[M]. 北京：人民军医出版社，2004：136.

④ 中华人民共和国教育部. 教育部对十三届全国人大一次会议第1152号建议的答复[Z]. （2018-12-25）[2020-09-20]. http://www.moe.gov.cn/jyb_xxgk/xxgk_jyta/jyta_jiaocaiju/201812/t20181225_364772.html.

⑤ 中华人民共和国民政部. 图表：2018年农村留守儿童数据[R/OL]. （2018-09-01）[2020-09-20]. http://www.mca.gov.cn/article/gk/tjtb/201809/20180900010882.shtml?from=singlemessage.

提高公众预防儿童性侵害意识。

根据社区实施性教育的特殊关爱群体,可分为社区对青少年的性教育实施方法、社区对妇女的性教育实施方法、社区对老年人的性教育实施方法。

① 社区对青少年性教育的实施方法。

有研究者对上海市松江区未婚年轻人进行社区干预性行为项目研究,研究发现干预组中学生性行为发生比例低于对照组[1]。这表明社区性教育有助于延迟青少年的性行为,预防早期性行为的发生。

第一,充分利用社区卫生服务中心,发挥社区卫生服务中心进行性教育的场地和技术优势。

第二,强化社区和学校、社区和企业协同合作的密切关系,针对目标人群开展青春期性健康教育,打造青春期性健康教育高质量平台。

第三,社区履行教育文化和卫生环境职能,开展青春期性健康宣传教育活动,为全社会关注青少年性健康教育营造良好环境氛围[2]。

② 社区对妇女性教育实施方法。

第一,社区引导妇女正确使用各种媒介,学习和掌握性健康知识。

第二,社区开展信息素养教育,重视婚检、孕前检查,鼓励计划怀孕,提供咨询指导服务。

③ 社区对老年人性教育实施方法。

第一,社区应根据老人的生理特点,如字体要大号、声音要洪亮等来宣传实用的健康性知识,通过宣传栏、小册子、杂志等传播健康性知识及疾病的预防。

第二,健康性教育的指导和心理调适相结合,开展个案咨询与集体咨询活动相结合。

第三,举办丰富多彩的性健康教育活动,举办以健康性行为与疾病预防为中心的主题讲座[3]。

4. 社区性教育案例

近年来,儿童性侵事件频发。面对这一严峻的现象,很多社区主动承担起了

---

[1] 涂晓雯,楼超华,高尔生. 社区干预项目对未婚年轻人性行为的长期影响[J]. 复旦学报(医学版),2006(2):192-193.

[2] 侯薇. 发挥社区职能开展青春期性健康教育的途径分析[J]. 中国性科学,2018(9):135-137.

[3] 吕姿之. 健康教育与健康促进[M]. 北京:北京大学医学出版社,2002.

本社区未成年人的性教育责任。

案例一：兴围社区开展儿童性教育

为加强儿童性教育，指导家长与儿童进行良好沟通，促进儿童健康成长，2019年9月29日，深圳市兴围社区党委通过民生微实事项目，邀请专业讲师，针对兴围小学一年级6个班的学生和家长同时开展"家有儿女初长成"系列讲座。

本次讲座，讲师先介绍儿童性发展各阶段的表现，让家长对自己孩子的发展有更多的了解。然后通过分享案例，教家长如何应对孩子们可能提出的"十万个为什么"性问题。在讲座过程中，讲师与家长进行良好互动，让家长深刻认识到儿童性教育在家庭教育中的重要性。讲座结束后，个别家长还留下来向讲师咨询儿童性教育的问题，或与其他家长一起讨论[①]。

案例二：湖南长沙市益友公益促进会开展的系列社区性教育

湖南长沙市雨花区益友公益促进会是一个由上市公司董事长、著名演员、南航机长、企业家、公务员、校长、老师等众多爱心人士共同创建的社区公益平台[②]，其核心的两个业务即是社区服务和关注青少年成长。

2020年突如其来的疫情影响了人们的生活出行，但阻碍不了青少年进入青春期的步伐。青春期是人生最宝贵的年华，是身心快速发展的阶段，是由儿童向成人过渡的关键时期。为了帮助永祥社区青少年安全、顺利、和谐、稳定地度过青春期，2020年7月19日下午，长沙市雨花区益友公益促进会联合永祥社区在永祥社区公共服务中心4楼举办了社区沟通之道之"迎接青春期"为主题的4~6年级青春期性教育课堂（如图4-1所示）。活动一共吸引到27位10~12岁青少年参与。讲师主要针对青春期出现的变化认知（如月经、遗精、青春痘、长胡子等）、卫生保健知识进行讲解，通过PPT的讲解并贯穿以大量的动画、图片和情景视频，课程轻松有趣，让孩子们认识到易怒、不安、自卑、焦虑、易暴躁是青春期出现的正常心理问题，我们应该科学正确地认识它，如遇到困惑或需要心理疏导，可以向老师或父母寻求帮助，不要羞于启齿，同时还应注意个人卫生和安全，勤清洁并保护好生殖器官。

通过这一活动，讲师解答了孩子们一些青春的困惑，也消除了他们许多疑虑和不安，让孩子们更加深入地学习和了解青春期的保健知识级青春期面临的问题，

---

① 兴围社区开展儿童性教育［EB/OL］.［2021-02-01］. https://www.sohu.com/a/344211443_161795
② 长沙市雨花区益友公益促进会［EB/OL］.［2021-02-01］. http://www.chinadevelopmentbrief.org.cn/org5511/

提高了孩子们了解自我、保护自我的意识，帮助青少年获得正确的性与生殖健康知识，树立积极健康、责任担当的生活态度[①]。

2020年8月29日晚7点，益友会又为永祥社区的孩子讲解了"我们的身体——隐私部位"（如图4-2所示）。通过两个互动环节完成热身以后，接着用视频《丁丁豆豆讲故事》让小朋友们了解了什么是隐私部位，知道了不能用脏手触摸自己的生殖器官，不可以随意触摸别人的隐私部位，更不可以让别人触摸自己的隐私部位。在《青春期大拷问》中，小朋友们学到了更多的知识，比如什么是青春期，青春期有哪些表现，怎样去应对青春期的变化……

这样的活动不仅让小朋友了解了什么是青春期，也让小朋友对自己的身体更加了解，更能直面自己身体的成长[②]。

图4-1 永祥社区性教育课堂——"迎接青春期"

图4-2 永祥社区性教育课堂——"我们的身体"

案例分析：社区是社会有机体最基本的内容，是宏观社会的缩影。一个成熟的社区具有政治、经济、文化、教育、服务等多方面的功能。从这一角度而言，社区是保护未成年人、并对其实施开展性健康教育的有利阵地，是学校教育和家庭教育的重要补充。在上述案例中，社区的基层党委组织和公益组织均发挥了非常重要的作用，不仅为青少年普及了性教育知识，同时也提高了家长对性教育的认识。

---

① 永祥社区性教育课堂——"迎接青春期"[EB/OL]．[2021-02-01]．https://www.meipian.cn/321j0lvs
② 永祥社区性教育课堂之《我们的身体——隐私部位》[EB/OL]．[2021-02-01]．https://www.meipian.cn/34ek9664

第二节　新加坡性教育实施的途径

2000年，新加坡教育部首次启动性教育计划。2012年，新加坡教育部根据十年间性教育计划的落实情况对其进行了修订，使之更好地契合新加坡的国情和社会的需要。为了保证性教育得以更好地落实，新加坡教育部规定了性教育实施的原则、途径和方法。

一、新加坡性教育计划实施的原则

为了确保性教育的质量和实效性，新加坡教育部分别规定了家庭、学校和社会需要遵守的原则。

（一）家庭性教育的原则

对家庭性教育来说，家长在孩子的成长过程中发挥着重要的作用，尤其在性教育方面，是孩子性教育的启蒙老师。因此，家长应该发挥其重要作用，教授孩子适合其年龄的、能被其接受的、正确的性知识和性技能，并向他们传递正确的性道德观和价值观。考虑到家长在孩子性教育过程中的重要地位，家长可以根据自己家庭的宗教信仰和孩子自身的需要，自行决定让孩子参与或退出学校的性教育计划。

（二）学校性教育的原则

对学校性教育而言，主要遵循的原则有三个，分别是：第一，性教育应该坚持以已婚夫妇所建立的健康且相互尊重的异性恋家庭为基础。第二，教育工作者须向学生传授能够反映社会主流思想的性知识、性技能和性价值观，使学生能够在性问题上做出与社会主流价值观相一致的选择和决定。第三，只有经过学校专门挑选且经过教育部培训过的教师才有资格对学生进行性教育，因为只有这样的教师才懂得性教育对学生成长过程身心发展的重要性。不仅如此，在性教育的价值观方面，只有经过专门训练的教师才会对性教育拥有与教育部相一致的态度和价值观。同时，经过专门训练的教师拥有与学生进行良好沟通的方法和技巧，不仅能与学生自然地讨论性问题，还能得到学生的认可。

(三)社会性教育的原则

社会性教育方面需要遵循的原则有两个，分别是：第一，新加坡是一个多宗教、多信仰、多文化的国家，虽然国家和社会有其核心的主流价值观，但教师和学生也应该尊重不同种族和宗教对待性的不同态度、信仰和价值观。第二，与教育部性教育计划相一致且经过教育部批准的外部供应者，可以根据实际情况补充学校性教育课程，使学生得到更为科学和全面的性教育信息。值得注意的是，外部供应者提供的性教育课程和讲座不可替代学校的核心性教育计划，且不能在学校教授有争议的性内容。

二、新加坡性教育实施的途径

为了实现新加坡性教育计划的目标，保证性教育计划得以更好地落实，新加坡教育部采用了多种途径。由于新加坡的性教育框架是由家庭、学校和社会三部分组成的，因此，性教育计划的实施需要从学校、家庭和社会等途径展开。

（一）学校

课程是学校落实性教育目标的关键环节。因此，在学校性教育方面，新加坡主要通过课堂教学实施性教育计划，具体分为每学期固定课时数的专门性教育课程和各科教学渗透两个部分。通过专门性教育课程的教学，直接向学生传授性生理、性心理、性道德及随意性行为对自身和家庭的后果等知识，学生会得到性知识、性技能和性态度、性价值观等的灌输。同时，在学校讲授其他课程时，也会涉及性教育的相关内容。例如，小学阶段的健康教育课和级任教师辅导课，中学阶段的科学课以及贯穿整个教育体系的品格与公民教育课。通过其他课程对学生进行间接的理论渗透，不仅可以加深学生对性知识、性技能的掌握以及正确性道德观和价值观的养成，同时，也可以帮助他们在面对日常生活中的具体情境时，更好地做出明智且负责任的决定。

1. 级任教师辅导课（FTGP）

自 2011 年起，新加坡所有的小学都引入了级任教师辅导课，每周会分配固定的时间为教师开展社交和情感教育（Social and Emotional Learning，简称 SEL）及互动活动。小一至小四年级的学生学习的性教育内容较为简单。在这个阶段，主要教授学生认识自己和异性的性别差异、知道身体的各个器官、懂得基本的自我防卫知识。大概了解性侵犯和性虐待的概念，能够分辨哪些行为是性侵犯和性虐待的行为，知道如何保护自己免受性虐待和性侵害的伤害。除此之外，学生需要知道当自身遭受性侵犯或性虐待时，如何寻求有效的帮助。同时，教师还会教授学生人际交往的技巧、感受自我和他人情绪的能力，进而帮助学生更好地适应不同的社会关系。根据生理和心理发展的需求，小五、小六年级才开始设置了专门的性教育课程，学校必须每学期为学生提供至少 4 小时的性教育课程。新加坡小学低年级（小五和小六）的科学课见表 4-2。

表 4-2　新加坡小学低年级（小五和小六）的科学课[①]

学习主题	学生需达到的目标
动物的周期	1. 理解生物为确保其物种的连续性而不断繁衍以及从一出生就从父母那里获得遗传基因。 2. 认识到人类在性繁殖时有受精的过程

2. 科学（Science）

科学这门课程体现性教育内容的阶段主要有三个：小学高年级（小五和小六）的健康教育课、中学低年级的科学课以及参加新加坡剑桥"O"水准考试[②]（Singapore-Cambridge General Certificate of Education Ordinary Level Examinations，简称 GCE O-Level）和新加坡剑桥"N"水准考试（GEC N-Level）的科学或生物课程。新加坡中学低年级的科学课见表 4-3。

[①] Singapore Ministry of Education.Sexuality education related topics in science [EB/OL].（2018-10-11）[2020-09-20]. https://www.moe.gov.sg/docs/default-source/document/education/programmes/social-emotional-learning/sexuality-education/scope/files/science-curriculume.pdf.

[②] 新加坡剑桥"O"水准考试（GCE O Level），是由新加坡教育部组织的考试。新加坡的政府中学分为快捷班（中一至中四）和普通班（中一至中五）。中学生在经过四年的中学教育后可参加 GCE O Level，成绩优异者可进入初级学院或中央研究所学习。普通班在完成四年的课程后，参加 N 水准考试，成绩优异的可以继续第五年课程的学习，进而参加 O 水准的考试，成绩优异者可进入初级学院或中央研究所继续学习。

表 4-3　新加坡中学低年级的科学课[①]

主题：人类的有性生殖		学生需达到的目标
青春期的变化	E/NA	说明在青春期和青春期早期发生的一些身体变化
	NT	向学生解释，并与其交流有关青春期和青春期早期发生的身体变化的资料
男性和女性的生殖系统	E/NA	简要地介绍人类男性和女性生殖系统的结构和功能
	NT	描述了人类男性和女性身体各个部分的功能
月经周期和受精	E/NA	简要地描述月经周期和受精情况
		认识到遗传是遗传基因从一代传递到另一代的过程
		认识到在有性生殖中，通过卵子和精子的结合形成新的个体
		认识到通过有性生殖形成的新个体是从其母亲（通过卵子）及其父亲（通过精子）接收遗传信息的
	NT	简要描述月经周期和受精情况
节育（避孕）	E/NA	简要描述一种临时的节育方法和一种永久的节育方法
	NT	比较一种临时的节育方法和一种永久的节育方法
性传播感染（例如染上淋病和艾滋病）	E/NA	说明梅毒、淋病和艾滋病等性传播感染的有害后果
	NT	了解梅毒、淋病和艾滋病等性传播感染的有害后果
堕胎和婚前性行为的后果	E/NA	评估与堕胎和婚前性行为有关的后果和问题
	NT	了解与堕胎和婚前性行为有关的后果
促进繁殖	NT	对人类某些形式的促进生殖加以认识，例如：体外受精和人工授精

注：E（Express）快捷课程；NA（Normal Academic）普通学术课程
NT（Normal Technical）普通工艺课程。

繁衍（Reproduction）和遗传（Inheritance）的概念在小学高年级的科学教学

---

① Singapore Ministry of Education.Sexuality education related topics in science［EB/OL］.（2018-10-11）［2020-09-20］. https://www.moe.gov.sg/docs/default-source/document/education/programmes/social-emotional-learning/sexuality-education/scope/files/science-curriculume.pdf.

大纲中引入,会在中学的科学教学大纲和高中生的生物学教学大纲中进一步阐述。在这些中学教学大纲中,还涉及生殖系统、月经周期、避孕、性传播感染等主题,以及与堕胎和婚前性行为有关的后果和问题的评估。

表4-4 新加坡中学高年级的科学或生物课程①

主题:繁殖	学生需达到的目标
男性和女性生殖系统	识别图表了解男性生殖系统及其功能:睾丸、阴囊、精子管、前列腺、尿道和阴茎
	识别图表了解女性生殖系统及其功能:卵巢、输卵管、子宫、子宫颈和阴道
月经周期:受精与发育	通过月经周期和排卵周期的交替变化、月经周期的时长来简要描述月经周期,以及根据黄体酮和雌激素的影响简要描述可孕期和不孕期
	描述受精卵的受精和早期的发育过程,也就是说在子宫壁上植入一个细胞球
	陈述羊膜囊和羊水的功能(仅为新加坡"O"考试水准的生物课使用)
	描述胎盘和脐带在溶解营养素,气体和排泄物交换方面的功能(结构的细节就不需要了)(仅为新加坡"O"考试水准的生物课使用)
艾滋病毒感染:其传播和控制的方法	讨论人类免疫缺陷疾病:病毒(HIV)的传播和控制它的方法

3. 品格与公民教育课(CCE)

品格与公民教育一直以来是新加坡教育体系的核心,更是新加坡21世纪技能框架和学习成果的核心。通过品格与公民教育,旨在使新加坡的学生学会承担家庭以及社会的责任,明白自己在打造国家未来的过程中所扮演的角色。该课程主要采用故事法、案例研究法和现实生活情境法等方法,将国家认可的价值观教给学生,并指导学生将其应用于现实生活中,包括自我、家庭、学校、社区、国家和世界等,其目的是通过传递价值观来培养学生的良好习惯和相关技能,使学生成为一个具有良好品德的公民,并为国家做出贡献。对于性教育,新加坡教育部希望通过品格与公民教育课程,培养学生对自我和他人的积极态度,以此与他人

---

① Singapore Ministry of Education.Sexuality education related topics in science. [EB/OL]. (2018-10-11) [2020-09-22]. https://www.moe.gov.sg/docs/default-source/document/education/programmes/social-emotional-learning/sexuality- education/scope/files/science-curriculume.pdf.

建立相互尊重、相互负责和相互关怀的关系。

新加坡小学阶段的品格与公民教育课程包括公民教育课（CCE Lessons）、级任教师辅导课（FTGP）以及品格与公民教育校本课程（School-based CCE）。级任辅导课强调社交与情感管理的学习，级任老师会通过有意义的互动游戏活动与学生培养感情，建立良好的师生关系。此外，有关网络健康（Cyber Wellness，简称 CW）、教育与职业辅导（Education and Career Guidance，简称 ECG）和自我防卫（小一至小四）的内容也纳入级任教师辅导课里，帮助学生在现实生活场景中培养其社交及情绪感知的技能，进而实践国家的主流价值观。另外，国家专门为小五和小六学生开设性教育课程（Sexuality Education，简称 SEd），以满足他们的发展需求。教育部规定了品格与公民教育课每周的教学时间，表 4-2 至表 4-4 分别说明了小一至小三、小四、小五至小六年级品格与公民教育课程的课时安排。

品格与公民教育课程关于性教育的内容根据不同的年级有不同的课程目标、课程内容安排和课时限制。小学阶段分为小一至小四和小五、小六两个阶段。自 2011 年起，新加坡所有的小学都引入了级任辅导课，每周分配固定的时间为教师开展社交和情感教育（SEL）及互动活动。在这个阶段里，主要教授学生一些自我防卫的内容：学生将学习如何保护自己免受性虐待以及受到性威胁或虐待时，寻求帮助的方法和技能。根据生理和心理发展需求，小五、小六年级才开始设置了专门的性教育课程。表 4-5 至表 4-7 分别呈现了新加坡小学阶段关于性教育内容的课时结构。

（1）小学阶段（Primary）

表 4-5　新加坡小学低年级（小一至小三）CCE 的课时安排[①]

时间	30 小时	15 小时	15 小时
课程	品格与公民教育课	级任老师辅导课	品格与公民教育校本课程

总课时：每年 60 小时。

---

① Singapore Ministry of Education. 2014 Character and Citizenship Education（Primary）Syllabus［EB/OL］.［2020-10-11］. https://www.moe.gov.sg/docs/default-source/document/education/syllabuses/character-citizenship-education/files/2014-character-citizenship-education-eng.pdf.

表 4-6　新加坡小学高年级（小四）CCE 的课时安排①

时间	45 小时	15 小时	15 小时
课程	品格与公民教育课	级任老师辅导课	品格与公民教育校本课程

总课时：每年 75 小时。

表 4-7　新加坡小学高年级（小五至小六）CCE 的课时安排②

时间	45 小时	15 小时	4 小时	11 小时
课程	品格与公民教育课	级任老师辅导课	性教育	品格与公民教育校本课程

总课时：每年 75 小时。

（2）中学阶段（Secondary）

中学阶段的公民与品格教育课程包括公民教育课、品格与公民校本课程和品格与公民教育指导单元（CCE Guidance Module）3 个部分。品格与公民指导单元主要包括有关网络健康（Cyber Wellness，简称 CW）、教育与职业辅导（Education and Career Guidance，简称 ECG）和性教育（Sexuality Education，简称 SEd）。在 13 个小时的品格与公民教育指导单元内，其中有 5 小时的性教育内容、4 小时的网络健康内容、4 小时的教育与职业辅导内容。表 4-8 说明了中学（中一至中五）课程的课时结构。

表 4-8　新加坡中学阶段 CCE 的课时安排③

时间	20 小时	13 小时	27 小时
课程	品格与公民教育课	品格与公民指导单元	品格与公民教育校本课程

总课时：每年 60 小时。

---

① Singapore Ministry of Education. 2014 Character and Citizenship Education（Primary）Syllabus［EB/OL］.［2020-10-11］. https://www.moe.gov.sg/docs/default-source/document/education/syllabuses/character-citizenship-education/files/2014-character-citizenship-education-eng.pdf.

② Singapore Ministry of Education. 2014 character and citizenship education（Primary）Syllabus［EB/OL］.［2020-10-11］. https://www.moe.gov.sg/docs/default-source/document/education/syllabuses/character-citizenship-education/files/2014-character-citizenship-education-eng.pdf.

③ Singapore Ministry of Education. 2014 character and citizenship education（Primary）Syllabus［EB/OL］.［2020-10-11］. https://www.moe.gov.sg/docs/default-source/document/education/syllabuses/character-citizenship-education/files/2014-character-citizenship-education-eng.pdf.

(3) 大学预科阶段 (Pre-university)

大学预科阶段的品格与公民教育课程包括公民教育课 (CCE Lesson)、与 CCE 相关的层次学习经历 (Cohort-Level CCE)、定制 CCE 的学习经历 (Customised CCE Learning Experiences)。该阶段的品格与公民教育课总课程时间为 80 小时，包括二年初级学院、三年高级中学。品格与公民教育课程大纲将通过 40 小时的公民教育课和 40 小时的与公民教育课相关的学习经历，定制的 CCE 学习经历因学生时间、接受程度而异。

在大学预科阶段，公民与品格教育课程的 80 小时内，性教育必须留出 8 小时。在大学预科第 1 年，成长岁月系列 (GY) 为 3 小时，授权青年项目 (eTeens) 为 2 小时。预科的第 2 年，成长岁月系列为 3 小时。

(二) 家庭

新加坡教育部认为，当今的孩子生长在一个与以往完全不同的世界，对性信息拥有很多让人难以置信的访问渠道，例如，电影、书籍、杂志、互联网等。性信息通常以非常生动的动态图片和视频出现。这些对孩子的生理、心理、行为等各方面都有严重的影响。此时，对孩子进行正确的、科学的性教育迫在眉睫。

在新加坡教育部看来，无论孩子获取性信息的来源和途径是什么，家长都是他或她的最佳资源，孩子可以从家长那里得到终其一生的关于性话题的正确的经验和错误的教训。研究表明，如果父母参与其子女的性教育，那么，不负责任的性行为及其带来严重后果的概率就会降低。新加坡教育部认为，父母在子女的性教育中发挥着不可忽视的巨大作用。同时，父母与孩子讨论性话题是建立良好的、相互信任的亲子关系的关键一环。因此，家长应该在跟子女讨论性话题之前做好完全的准备。例如，一方面，家长可以从别的父母或者从其他的信息渠道（网站、书籍、杂志等）获得关于性教育的内容和方法，从而建立关于性议题的知识库。另一方面，父母双方要对性议题保持一致的观点：是决定教给孩子禁欲的态度和价值观，还是只教给孩子安全保护的方法等。

1. 家庭性教育的方式——*Love Them, Talk about Sex*

为了向孩子教授清晰一致的性教育知识，传递健康、负责任的性道德观和价值观，对子女进行科学的性教育，教育部不仅要求父母积极地参与到孩子的性教育过程中，还要求将孩子对性教育课程的反应反馈给学校。家长可以根据家庭的信仰和孩子的需求决定是否让自己的孩子参与学校的性教育计划。除此之外，教育部还为那些对子女性教育感兴趣，并想要跟孩子在性教育方面进行良好沟通的家长编写了题目为 *Love Them，Talk about Sex——A guide to help parents communicate with their children on sexuality issues*①的性教育读物，作为帮助家长与孩子对性问题进行沟通交流的指南。

该读物主要分为沟通、变化、挑战和后果4个部分。"沟通"这一章节给家长提供一些与孩子讨论性问题的注意事项。"变化"这一章节针对孩子进入青春期后心理的变化，给予家长一些帮助孩子正确应对变化的方法。当孩子进入青春期，生理和心理发展进入人生的第二个高速发展期，荷尔蒙爆发，性冲动觉醒，易出现较强烈的性欲望和性需要。"挑战"这一章节便是帮助家长应对该时期青少年出现的挑战和问题。"后果"这一身体和章节给父母和孩子提供一些如意外怀孕和性病毒传播感染等无保护性行为的后果，意在引起父母和孩子对无保护性行为后果的重视，强调婚前禁欲的重要性。

（1）沟通（Communicate）

"沟通"作为该指南的首要内容，主要是提供了一些家长与孩子关于性话题进行沟通的注意事项，主要包含以下几方面的内容：第一，给家长提供了与孩子对于性进行良好沟通交流的五项黄金法则。例如，给予孩子充分的注意；与孩子平等地聊天，而不是强制孩子按照自己的想法；尊重孩子及其想法；不要放弃沟通；听到不代表听进去等。第二，在恰当的年纪对孩子进行恰当的性教育。例如，对于幼儿，教孩子认识人的身体部位即可。对于8岁的孩子，将这种谈话延伸到他们的生殖系统。在孩子11岁或12岁时，家长就可以教给孩子两个人发生性行为是怎么回事。到了13岁，家长就可以跟孩子谈论约会的注意事项及产生婚前性行为的后果等。第三，对孩子实施性教育的方法。抓住合适的时机进行教育；从孩子提出的"问题"开始教育；父母在与孩子关于性话题进行沟通时，要以真实坦诚的态度对待。第四，父母在与孩子进行交流时的注意事项。例如，不能用书本代替交流；父母要寻找那些和自己有相同价值观的人来帮助自己对孩子进行性教育等。

---

① Singapore Ministry of Education.Love them，talk about sex—a guide to help parents communicate with their children on sexuality issues［M］. Singapore：Ministry of Community Development，Youth and Sports（MCYS）and Health Promotion Board（HPB），2008.5.

（2）变化（Change）

"变化"这一章节针对孩子进入青春期后身体和心理的变化，给予家长一些帮助孩子正确应对变化的方法。在"变化"这一章节，该读物会给家长提供一些帮助孩子应对青春期出现的生理变化和心理变化的指导和建议。该读物列举了不同性别可能会出现的不同生理变化。例如，男生可能会出现如性器官的成熟、毛发增多和身体健壮、变声及音调的降低等生理变化。女生可能会出现如胸部的发育、毛发的增长以及经期的来临等生理变化。青春期的孩子面对身体上的变化，可能会有各种疑惑亟须解答。他（她）们可能会向家长提出一些关于性的疑问，家长面对孩子这样那样的问题该如何回答、如何做，这本指南选取了几个常见的问题，给予了解答，以供家长参考和借鉴。例如，如果家里的孩子是男生，他们可能会问"我的腋下和私处长了毛发，这是为什么？我该怎么办？""为什么我会在梦中湿身呢？这到底是怎么回事？是不是我尿床了，我觉得很不好意思。"等等。如果家里的孩子是女生，她可能会问"我的朋友们都长出了乳房，我的胸还是平平的。我的男同学们都取笑我，我该怎么办？""我对有月经很害怕，不知道该怎么办。是不是意味着我以后就不能进行体育运动了？"

对青春期的男生和女生而言，不仅有明显的生理变化，更重要的是还有潜藏的心理变化。青春期的学生，尤其重视其自尊心。不仅格外关注他们的外在形象，也很在意自己在社会中的位置。但因为荷尔蒙的作用，可能会引起他们强烈的情绪波动。同时，青春期阶段的孩子拥有极强的隐私意识。因此，该指南不仅引导家长了解隐私的重要性，养成尊重孩子隐私的理念，而且给予家长一些去释放孩子们被压抑的情绪的途径和方法。例如：引导孩子积极地参与体育运动，带领孩子帮助社区里不幸的人，参与到慈善活动中。不仅如此，该读物还给家长提供了一些应对青春期孩子心理变化的小提示。例如，培养孩子的自尊心，多夸奖孩子；多陪伴孩子，为其生理和心理的变化做好准备；教给孩子正确的触摸和不正确的触摸的区别，拒绝不友好的触摸；接纳孩子，并与孩子分享你在青春期时遇到类似事情的做法，增加亲子之间的信任；用一种幽默的方式处理孩子在青春期出现的变化；等等。这些方法将帮助父母更坦然地应对孩子在青春期时的生理和心理变化，以达到事半功倍的效果。

（3）挑战（Challenge）

新加坡教育部认为，青春期阶段的孩子不仅要面对青春期的生理和心理变化以及性冲动的觉醒，还可能会有来自家庭、同龄人和媒体的令人困惑或相互矛盾的价值观。同时，这个阶段的青少年正在寻求他在这个社会中的独特身份和地位。这些困惑和压力他们可能不会跟家长沟通，但其中的问题却层出不穷。父母面临的挑战不仅仅是告知青少年关于性的事实，更是帮助孩子对性建立自然、科学的态度和价值观。

因此，在"挑战"这一章节，该读物选取了一些青春期阶段的孩子经常会出现的问题和挑战，以主题的形式给父母提供一些思考和建议。首先，这五个主题分别是外表（Looks）、朋友（Friends）、探索（Exploring）、爱情（Love）和同性恋倾向（Same Sex Crushes）。每个主题包含两个方面的内容：孩子在青春期时会出现类似问题的原因以及家长该如何应对。在本章的最后，以例子的形式把男生和女生可能会出现的问题呈现出来，并给家长提供一些面对类似挑战该如何说和如何做的答案。家长可以照搬读物中的参考答案，也可以参考读物中的答案，根据不同家庭的不同信仰给出青少年不同的指导意见。例如，对男生而言，可能会面对的困惑和挑战有："我的朋友告诉我在网上可以下载黄色图片和黄色视频，我有时候也很喜欢看，我是不是有问题？""我的朋友在14岁的时候就可以去约会了，我什么时候可以约会呢？""我很爱我的女朋友，我想跟她发生性关系，可是我不知道该怎么做。""我所有的朋友都说他们和他们的女朋友发生了性关系，他们说我是个书呆子，我真的很差劲吗？"对女生而言，可能会有的挑战有："我的朋友们都可以约会，为什么我不可以？""你在发生性关系时痛吗？""发生性行为是什么感觉，我朋友说很有趣，我很好奇。""我的男朋友说他很爱我，我也很爱他，他想让我和他发生性关系，我该怎么办？"等等。如果很容易处理，挑战就不会被称为挑战。因此，在和孩子讨论性话题时，可能会出现家长和孩子观点不一致的情况。此时，该指南指导家长不要急于发脾气，避免过早地做出价值评判，应倾听孩子的意见，聆听他们内心最真实的想法，尝试理解孩子的想法，并把自己持有不同观点的原因告知孩子，引导其建立正确的价值观。

（4）后果（Consequences）

在"后果"这一章节，该读物强调家长需要向孩子反复陈述青少年中随意发生性行为的后果，主要以意外怀孕和性病毒传播感染为主进行详细的阐述。对孩子进行"后果"教育的原因有两个：其一，部分青春期的孩子不太清楚随意与他人产生性行为会对自身和家人产生多么严重的影响。有些早熟的孩子即便知道后果，但又总存有侥幸心理，认为"这不会发生在我身上"。其二，大部分青春期的孩子缺乏性病毒传播感染方面的知识，不知道更好地保护自身的技能和方法。据相关研究表明，在新加坡10～19岁的青少年中，2006年新的性传播感染病例数达到775例，是2002年238例新病例的3倍[①]。因此，家长要反复地向孩子强调其中的后果。本章节主要包含以下两方面的内容：

第一，本章节给家长提供了一些关于与孩子讨论婚前性行为后果的注意事项。首先，"严肃的话题要轻松讲"，不能为了保护孩子而过度丑化性；虽然避孕药可以防止意外怀孕，但它不能预防性病毒的传播与感染；男孩与未满16岁的女孩发生性行为是违法的，即使她同意。如果女孩未满14岁，该男孩可能被控强奸罪。对这些罪行的处罚可能包括长达20年的监禁、高额罚款和鞭刑。其次，告知孩子爱不等于性，电影不等同现实生活。最后，帮助孩子控制其行为。例如，设置身体亲密度的界限；尽量避免去隐蔽荒凉的地方；教孩子勇敢地说"不"，远离让自己觉得不舒服的人等。

第二，如果孩子不得不面对意外怀孕和性病毒传播感染等后果，本章节还提供与两者相关的详细信息，帮助家长更好地应对这些困难与挑战。

本读物的最后，还给家长提供了一些针对青春期孩子性教育问题的求助热线和网址，以帮助家长解决该读物未涉及却让家长感觉无所适从的问题。

2. 社会组织的家庭性教育——新加坡母亲（Singapore Motherhood）

"新加坡母亲"于2005年创建，旨在为父母和准父母提供怀孕、抚养孩子、教育孩子及家庭保险和投资等方面的信息和注意事项，帮助家长更好地抚养和教育孩子。另外，该网站还请来心理学研究中心专家和著名医院医术精良的医师，专门为父母如何对子女进行性教育事宜进行专业的指导。

专家认为不同年龄阶段的孩子对性都保有不同的好奇心和需求，这属于正常现象。家长应该在孩子不同的年龄阶段使用适合其年龄阶段的词汇。在0～2岁，家长应该用正确的名称帮助孩子认识生殖器，这有助于满足孩子的好奇心，帮助其进行自我探索。在3～6岁，家长可以利用绘本、动画片等帮助孩子认识男女生身体的差异，教导孩子保护私处的重要性。另外，还要教会孩子分辨良好的触碰

---

① Singapore Ministry of Education.Love them, talk about sex—a guide to help parents communicate with their children on sexuality issues [M]. Singapore: Ministry of Community Development, Youth and Sports（MCYS）and Health Promotion Board（HPB），2008.5.

和不好的触碰以及如何对待陌生人。在 7～9 岁，家长可以利用图画书（Picture Books）等帮助孩子加深之前学习的经验。10～11 岁，家长可以借助男女生的解剖图，向孩子解释男女生的身体构造差异，并向他们解释男女生青春期的生理、心理及情绪的正常变化。12～17 岁，孩子进入青春期，尽可能全面且不带批判地回答孩子的问题，在确保孩子上网安全性的前提下，家长应该借助网络和多媒体等手段培养孩子健康的性态度和价值观，鼓励孩子与他人建立健康的关系。除此之外，家长还要告知孩子性行为的两面性以及随意性行为对自身和家人带来的严重后果，在必要时教授学生一些关于避孕和自我保护的方法和措施。

家长应该以成年人的方式对待孩子的好奇心，向他们传授适合其年龄阶段且能被他们接受的性知识、性道德观和性价值观，培养孩子对性自然而健康的态度。另外，该网站也给家长提供了其他国家相关的性教育资源，以供家长借鉴与学习。

（三）社会

新加坡是一个多宗教、多文化、多信仰的国家。由于其独特的社会文化和政治形态，新加坡教育部虽然坚持"婚前禁欲主义"的立场，但也鼓励教师和学生尊重社会上不同种族对性的不同态度、信仰和价值观。不仅如此，教育部还引入与教育部性教育框架一致并经教育部批准的相关社区资源，以补充学校的性教育计划。

1. 社会组织的定期审查程序

自 2009 年开始，教育部开始设置外部提供者小组，邀请外部提供者通过集中审核程序申请在学校开展课堂教学和性教育讲座，为学校开展性教育提供专业的知识和额外的资源。学校可以聘请这些经教育部批准的外部提供者补充学校的性教育计划，但不可取代由学校特聘且经过了专门训练的教师教授的教育部规定的核心性教育内容。同时，学校在利用教育部批准的外部提供者开展任何性教育计划时，都必须确保其符合教育部性教育框架。另外，教育部也会定期对性教育计划进行严格的审查，以确保学校遵守外部提供者参与的指导方针。教育部规定只有愿意向学校提供免费性教育计划和负责学校性教育计划这两类人群才可以成为教育部所认可的外部提供者。

图 4-3 详细地展示了新加坡教育部对外部提供者的定期审查程序。从图中可以看出，新加坡教育部对外部提供者的审查主要分为提交申请和评估两个步骤。

第4章 中国-新加坡性教育实施的途径比较 ■ 103

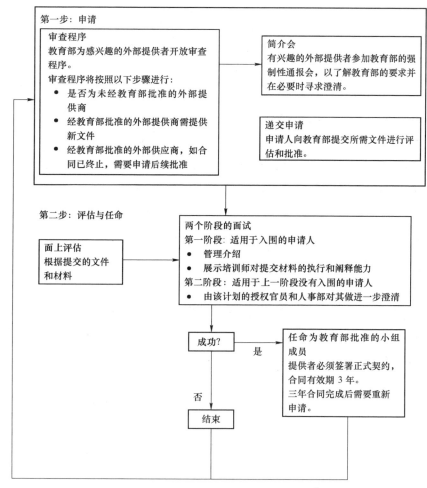

图4-3 外部提供者的定期审查程序[①]

在提交申请之前,有兴趣的外部提供者首先需要参加教育部举办的强制性要参加的简报会,以了解教育部的要求,并在必要时做出解释。然后,入围的申请人才可以向教育部提交所需的文件,进入评估和批准阶段。在评估阶段,教育部会根据申请人提交的文件材料进行面试。对于上一阶段入围的申请人来说,需要对自身的实际情况进行简短的介绍,同时还需要展示培训师对提交的材料的执行和阐释能力。对于上一阶段没有入围的申请人,需要针对自身情况和项目内容进行进

---

① Singapor Ministry of Education. Evaluation and appointment process [EB/OL]. [2020-10-11]. https://www.moe.gov.sg/education/programmes/social-and-emotional-learning/sexuality-education/information-for-external-providers/evaluation-and- appointment-process.

一步的阐述。如果没有通过以上面试环节，则申请失败，结束申请。如果能够通过上述面试，则正式成为新加坡教育部批准的外部提供者小组的成员。与教育部签署正式合同，一般有效期为 3 年，3 年的合同到期后，需要重新进行申请。

2. 妇女行动与研究协会（AWARE）

新加坡教育部在全国范围内设置了 6 个外部提供者小组，补充全国中小学的性教育计划。例如，新加坡计划生育协会（Singapore Planned Parenthood Association，简称 SPPA）、妇女行动与研究协会（Association of Women for Action and Research，简称 AWARE）、爱家协会（Focus on the Family Singapore，简称 FOTF）、新加坡家长计划协会（Action for Aids）、天主教会组织的家庭生活协会（Family Life Society）及飞跃社区服务中心（Fei Yue Community Services）等。其中，AWARE是一个非常有特色的组织，本节将以 AWARE 为例，对妇女行动与研究协会进行详细的描述，从中探析出新加坡社会对本国性教育发展的作用。

AWARE 是一个倡导两性平等，为新加坡女性提供支持服务的非营利性组织。该组织于 1985 年 11 月 25 日正式成立，目前有 550 名成员。AWARE 旨在创建一个真正性别平等的社会，在这个社会中，女性应该和男性一样被视为可以对自己的生活做出明智和负责任选择的个体，女性和男性在教育、婚姻和就业方面应该享有平等的机会，妇女有权控制自己的身体，尤其是在是否发生性行为的权利和是否生育的权利方面。

AWARE 提供的服务主要有以下几个方面：妇女护理中心及性侵犯护理中心（Women's Care Centre and Sexual Assault Care Centre）；咨询（Counselling）；女性服务热线（Women's Helpline）；案件管理（Case Management）；法律信息（Legal information）；友情服务（Befriender）。除此之外，AWARE 还以讲座、研讨会等形式为学校、企业和社区进行性教育的培训。AWARE 有专业的咨询师和法律顾问，可以为那些遭受过情感创伤、家庭暴力、性侵犯、性骚扰、婚姻和心理问题等的女性提供咨询服务。而 AWARE 也是新加坡唯一一家专门为女性提供热线服务的组织，为来电人员提供专门的服务，帮助她们处理自己的情绪、解决当下的问题以及协助其决定下一步的行动。

面对性侵犯，幸存者（survivors）在法律方面可能存在诸多疑问。因此，AWARE 设置了法律信息部门，专门为遭受性侵犯的幸存者提供法律援助。例如，"报案的流程是什么？我该走刑事诉讼还是民事诉讼的路线？我需要自己请律师吗？""如果我起诉了犯罪者，我和家人能得到什么样的帮助，以此避免犯罪者的报复？""案件受理的程序是什么？我在哪里可以追踪案件的受理状况？""法庭上可能会出现什么样的状况，我必须要出庭吗？""如果我报案的话，我身边的亲戚、朋友和家人会知道这件事吗？会有媒体去采访我和他们吗？我的名字会出现在网络媒体上吗？"等等。在该部门，性侵犯护理中心的专业律师会提供专业的指导，并根据幸存者的个人意愿选择其最为适合的解决方案。

AWARE名下的性侵犯护理中心（Sexual Assault Care Centre，简称SACC）是专门为国家内遭受性侵犯或性骚扰的女性设置的。该中心为女性提供咨询（Counselling）、法律信息（Legal information）、提起诉讼（file a complaint）、医疗救助（Medicine attention）、关于性信息的培训等服务。除此之外，该中心还提供了5个相关类别的资源，例如，儿童性侵犯、同性恋性侵犯、性侵犯对幸存者的身心影响、性侵犯与心理伤害的交互作用、幸存者身心创伤的咨询等。在每个主题之下，提供专家的相关文章摘要及其访问的原始链接，帮助幸存者及想给予其帮助的人参考和学习，旨在为遭受性暴力的幸存者提供更好的服务。

性侵犯护理中心有着经验丰富的咨询师和律师，咨询师从科学、健康的角度为幸存者提供其所需要的情感需求和支持，使他们能够更快地从伤害中恢复过来。律师可以为她们提供报案和诉讼流程的信息、医疗救助的信息及追踪案件进展状况的信息。除此之外，该中心还提供友情服务（Befriender）和互助组（Support group）服务。友情服务是指提交到性侵犯护理中心的性侵犯和性骚扰案件，AWARE将会安排受过专业培训的朋友陪同幸存者到医院接受医疗救助，到警察局报案，到法院追踪案件的进展状况。互助组服务是为遭受性侵犯的女性建立的安全且具有支持性环境的组织。在该组织里，幸存者可以从其他有相同或类似经历的人那里获得感同身受的支持。同时，该组织也会在性侵犯护理中心的网络平台上分享一些关于性侵犯影响的信息，有关替代性应对机制（Alternative coping mechanism）的想法和信息，以期为遭受性侵犯的幸存者的后期恢复提供持续性的帮助。另外，性侵犯护理中心还提供了一些关于性的知识和信息，以供国家的女性阅读和学习。例如，性侵犯的概念；"同意（consent）"的概念和边界范围；在遭到性侵犯或强奸的72个小时里，幸存者应该如何去做；报案及案件受理程序；如何获取防性骚扰保护的流程；在婚姻中遭到强奸该如何保护自己等。通过这些信息的获得，人们可以在很短的时间内识别自己或她人所受的伤害，从而能在第一时间提供或寻求帮助。

在培训方面，性侵犯护理中心主要以"性侵犯意识的培养"和"对幸存者的第一反应"为基础，对新加坡的企业、学校和社会以讲座和研讨会等形式进行培训。培训项目主要有两个，分别是性侵犯认知训练（Sexual Assault Awareness Training）和急救员训练（First Responder Training）。根据性侵犯护理中心多年的服务经验，遭受性侵犯或性骚扰的幸存者在对身边的家人、朋友诉说自己的遭遇时，往往会觉得尴尬、害怕、难为情，得不到想要的支持，从而加深了幸存者内心的羞耻感和罪恶感，进而给幸存者的内心留下了难以磨灭的阴影，严重影响幸存者后期的康复。因此，性侵犯护理中心开展了类似的互动课程，使每一个参与者都能够了解性侵害和性骚扰的概念及对幸存者身心的严重影响，了解新加坡关于性犯罪的法律信息和求助资源，及时有效地为遭受性侵犯的幸存者提供支持。因此，性侵犯护理中心开展了性侵犯认知训练和急救员训练的研讨会，以师生之间的讨论、案例研究和角色扮演活动等形式，教授参与者性侵犯和性骚扰的概念、类似的行为以及一些必要的技能，使他们能够对身边的人和类似的事有一定的警觉性，并有效地对受害者进行急救。其最终的目标是为性侵犯的幸存者建立一个全方位的支持系统，帮助其更快地从伤害中走出来。

除了以上三个主要途径以外，新加坡教育部还重视宗教教育和道德教育对国民性教育的潜移默化的作用。正如新加坡性教育框架图所示，只有学校、家庭、社会三方面各司其职、通力合作，才能将性教育计划真正地落实，进而取得最大的效果。

第5章

中国－新加坡性教育方法比较

▇ 第一节 中国性教育方法

一、中国性教育方法的演变

中国性教育的方法在不同阶段各有不同。随着中国性教育的逐步发展，开展性教育的方法也随之得以丰富。

（一）20世纪初—1949年：以译著和学校教育为主

首先，这一时期，西方先进的性文化和性观念随西方先进科学思想传入。随着1904年我国近代历史上第一个学制——《奏定学堂章程》的颁布，1922年缩短了学习年限，公布了新学制，在此时一些重视性教育的学者纷纷发表有关性教育的文章，阐述了在新学制中确立性教育的重要性。其中具有很大影响的是《教育杂志》1923年编辑的性教育专号。专号中，发表了十几位学者分别论述学校性教育的意义、性教育的内容选择、性教育的科目安排、性教育的途径与方法等文章。这些文章代表了当时教育界主张性教育的普遍呼声。1929年，教育部颁发了《学校卫生实施方案》（训令728号），该方案明确规定并指出将性教育作为一门课程来设置，其教学内容必须要在学校实施。这应该是我国近代历史上最早由政府颁布的有关性教育的规定。

从五四新文化运动以来，我国就有大批有识之士提倡性教育。张竞生是中国性教育的先驱。早在 1920 年他就积极主张生育节制和避孕，并提倡把性教育与美的人生观教育结合起来，这在当时和现代都具有先进性。周作人 1933 年在他的《夜读抄》"性的心理"一文中就向国内读者介绍了英国霭理士的《性心理学》一书。他在任北京大学文学院院长期间，曾鼓励学生学习、研究性教育，并撰写性教育论文。潘光旦也早在 1939 年就开始翻译霭理士的《性心理学》，直到 40 年代他还在翻译性学书籍。鲁迅从 1909 年就亲自对学生进行性教育。他曾在《坚壁清野主义》一文中发出了"要风化好，是在解放人性，普及教育，尤其是性教育，这正是教育者所当为之事"的召唤。除了张竞生、周作人、潘光旦、鲁迅等学者外，潘公展也翻译了《巴哥罗底两性教育观》，周建人翻译了《性与遗传》及英国性学家蔼理士的性学著作等。这些前辈开创了中国近代性教育历史的篇章。因此可以看出在这一时期开展性教育的途径与方法主要是通过有识之士发表有关性教育的言论与文章或翻译西方性学、性文化书籍、刊物。

其次，少数有识之士将先进的性文化和性观念渗透在文学、医学领域的活动之中。在文学方面，当时的性教育倡导者在中国的杂志、报纸如《妇女杂志》《申报》《中华教育界》《中华医学杂志》《教育世界》《教育杂志》《万国公报》等发表关于性健康知识、节育知识、性教育内容的文章。其中《教育杂志》收录有关性教育内容的文章达到 30 篇。1911 年教育家陆费逵最早谈论性教育问题，并在杂志上发表《色欲与教育》一文。文章阐述了教育对于性的发展十分重要，学生应了解性知识，这在当时引起了较大的影响。志厚曾提出："青年之中色欲之害，全由无识而来，教者秘而不言……是必觊适当之机会，为生徒辈公然讲授"，认为"色欲之害"是因为无性知识而导致，对于性方面的知识教育者也"秘而不言"，主张公然讲授性知识使得青少年能够"以己之力制己自行耳"。通过有识之士的传播和发展，性教育在中华大地上开展起来。在此时期，著名报刊发表大量卫生教育和有关性教育的文章，为性教育的传播和推广奠定了知识基础[①]。一些刊物也特为性教育发行专号，此外性教育倡导者们陆续出版自己编著的性文化、性卫生教育、节育知识方面的书籍。

最后，以学校为开展性教育的主要阵地。表现在：第一，在大学课堂上讲授与性文化、性知识相关的课程内容。例如：鲁迅在课堂上教授生理卫生课程，打

---

① 王雪婷. 改革开放以来中小学性教育内容演变研究［D］. 沈阳：沈阳师范大学，2019：20.

破传统思想禁锢,讲解有关生殖系统的知识;张竞生在北大讲授美育课程时,将自己的性思想加入其中,其曾提出"性教育是一种必要的教育"①,并在北大以专题的形式开展性学的系列课程,包括西方现代爱情、生育、性教育以及有关的社会学说,并将这些学说统称为"美的学说",以宣传其性教育观。还曾组建"性育社"和"审美学社",促进学生对于性教育有进一步的学习和了解,这被认为是中国最早提倡性教育的组织②。夏丏尊在回忆描述此事时写道:他只对学生们提出一个条件,就是在他讲的时候不许笑。他曾向我们说:"在这些时候,不许笑是个重要条件。因为讲的人的态度是严肃的,如果有人笑,严肃的空气就破坏了。"大家都佩服他的卓见③。第二,在大学里进行性教育演讲。例如:山格夫人在北京大学进行性健康教育的演讲,宣传其节制生育的思想,对中国近代节制生育思潮的形成产生重大的影响。其著作《性教育的示儿编》和《妇女的叛逆》促进了中国性教育和节制生育思想的发展。第三,将性教育设为学校教学内容之一,并出版了专门的生理卫生知识教材。1929 年后,政府颁布的文件与标准(如:《学校卫生实施方案》《师范学校课程标准》)将性教育内容列入其中④。第四,除在课堂上讲授性知识外,在日常生活中也实施其开明的性观念。对于家庭性教育问题,许广平在《鲁迅先生与海婴》一文中写道:"对于孩子的性教育,他是极平凡的,就是绝对没有神秘性。赤裸的身体,在洗浴的时候,是并不禁止海婴的走出走进的。实体的观察,实物的研究,遇有疑问,随时解答,见惯了双亲,也就对于一切人体都了解,没有什么惊奇了。"⑤鲁迅先生对待性教育不同于中国传统"性神秘"的态度,而是开诚布公地、坦然地告诉学生和孩子。其所亲自编写的生理学讲义《人生象敩》《生理实验术要略》在一定程度上促进了学校性教育的发展。

(二)1949—1977 年:性教育工作指示

这一时期,正处于性教育的禁闭阶段,但中国的性教育并非完全封闭,公开出版的一些性知识书籍在图书馆和新华书店可以看到。关于性教育的途径与方法

---

① 张竞生. 美的人生观 [M]. 北京:北京大学出版社,2010:8.
② 张竞生. 性史 1926 [M]. 北京:世界图书出版公司北京公司,2017:5.
③ 王雪峰. 教育转型之境——20 世纪上半叶中国的性教育思想与实践 [M]. 北京:社会科学文献出版社,2006:157.
④ 朱梅. 20 世纪初中国的性教育 [J]. 南京大学学报(哲学·人文科学·社会科学版),2001(1):149-154.
⑤ 许广平. 十年携手共艰危:许广平忆鲁迅 [M]. 石家庄:河北教育出版社,2000:75.

主要体现在党和国家领导人在正式场合中做出的关于性教育的工作指示，尤其是针对青年学生的性知识教育。例如：1954 年，刘少奇同志指示卫生部用卫生常识的名义专门编些节育技术指导的小册子[1]，同年，周恩来同志在给北京各大学应届毕业生的讲话中指出，要破除对性的神秘感，要对青年学生进行性知识教育。1955 年，由北京的王文彬、赵志一和谭铭勋三位医生联合编写的《性的知识》在人民卫生出版社出版了。这是自 1949 年以后，我国出版的第一本有关性知识的书籍。书中有男女生殖器官性交状态的剖面图，还介绍了一些避孕方法。尽管这本书的阅读对象并不是青少年，但当时却在中学生里广泛流传。一些学生因为被学校领导和教师发现看这本书而遭到严厉批评[2]。1957 年毛泽东在党的八届三中全会上要求中学开设一门节育课程[3]。在这一历史时期，国家教育部分别于 1952 年、1956 年、1963 年颁布了《中学生物教学大纲》。按照大纲的要求，人民教育出版社出版的教材就有有关性生理和性卫生的教学内容，如男女生殖系统的构造、生殖细胞的形态结构、月经和排卵、受精、胚胎在母体内的发育、人体各个发育时期的特点、各发育时期的卫生保健等，占 2~3 课时。1975 年，国家教育部和卫生部联合颁发了《关于进一步加强中学生卫生教育的几点意见》，指出"要重视青春期生理卫生教育，包括青春期生殖系统的发育变化等生理现象"。根据这一文件精神，上海市教育局率先在初中年级的生物课中安排了人体解剖的教学内容，并开始了青少年性教育的研究和试点工作[4]。

（三）1978—1987 年：以政策和医学为主

随着改革开放的发展，中国的性教育也进入萌动阶段，此时的性教育方法主要体现在两个方面：

① 在相关国家政策性文件中强调性教育的重要性。1978 年后，性教育相关内容在国家相关政策文件中得到重视。如：《全日制十年制学校中学生理卫生教学大纲（试行草案）》《中小学生卫生工作的暂行规定》《关于改进和加强中学生理卫

---

[1] 邵广侠，刘晓苏. 中小学素质教育与学生发展状况研究 [M]. 苏州：苏州大学出版社，2016：160.
[2] 邓明昱. 中国当代性学发展概论 [Z]. 世界华人性学家协会成立大会暨性学高峰论坛发言，2008-01，深圳.
[3] 朱广荣，季成叶，易伟，马丽. 中国性教育政策回顾研究 [J]. 中国性科学，2005（3）：1-3，15.
[4] 刘文利. 我国中学性教育的历史和发展 [J]. 生物学通报，1991（5）：30-32.

生知识教育的通知》等。

② 医学领域的科普。医学界的专家编写性知识科普书籍、教材。如：吴阶平教授编译的《性医学》、谢柏樟编写的《青春期卫生》、阮芳赋编写的《我们的身体》等。报纸杂志刊登医学工作者撰写的性知识文章。

（四）1988年至今：性教育的方法丰富多样

这一时期的性教育进入快速发展阶段，性教育的途径与方法也随之变得丰富多样，具体而言，主要有以下几种：

① 国家以政策性文件的形式对性教育做规范性指导。国家在1987年后颁布的一系列方针、政策、法规中，对青春期教育的目标、内容、方式方法、原则等方面进行了说明和完善。

② 性教育书籍、刊物大量出版。这一时期，关于性的科普类书籍、性教育指导类书籍、性教育教材等层出不穷。

③ 深入开展性教育研究。性教育的研究课题、范围、目标、对象、方法等都得到进一步发展。

④ 性教育宣传平台将传统与现代相结合。传统的性教育讲座、主题活动等校园班级活动的开展形式丰富多样。进入21世纪后，性教育的手段也逐步科技化、信息化、电子化。如：中国性科学杂志网等的性教育网站，微信和微博上的性教育公众号，慕课、有道等网络课程，科普性教育的多媒体动画视频等。

⑤ 有了专门的课程教学。有能力和条件的学校开设独立的一门性教育课程，缺乏条件的学校进行渗透式教学。

⑥ 家校合作。通过家长学校、家长委员会、家长会等家校组织，向家长进行准确的性教育指导，使家长掌握正确的性教育知识，开展行之有效的家庭性教育，与学校性教育相互配合。

⑦ 开展性心理咨询和辅导。在学校、社区开设心理咨询室，配置专兼职心理辅导教师。

二、中小学性教育的方法

学校性教育的方法多种多样、性教育活动丰富多彩，既有与小学、初中、高中、大学四个阶段的认知发展水平特点相配套的适度、适量、适宜的性教育方法[1],也有充分利用校内与校外各种有利资源的学校性教育方法。从教育形式来看,既有贯穿于教学课程与教学活动的学校性教育方法,也有家庭、同伴、学校、社会协同参与的学校性教育方法。学校性教育的具体方法实施按学习年龄阶段,可以分为中小学性教育的方法和大学性教育的方法,本处重点论述中小学性教育的方法。

依据《中小学心理健康教育指导纲要(2012年修订)》,中小学性教育的方法和途径可以汇总见表5-1。

表5-1 中小学性教育的方法和途径[2]

中小学性健康教育方法	具体途径
贯穿于教育教学	渗透到日常教育教学活动中;班团队活动、校园文体活动、社会实践活动等有机结合,利用网络等现代信息技术手段
开展专题教育	以活动为主,多种方式,包括团体辅导、问题辨析、角色扮演、游戏辅导、心理情景剧、专题讲座、绘本讲解等
建立心理咨询室	开展个别辅导和团体辅导
联系家长共同实施性教育	学校要帮助家长树立正确的教育观念;学校要为家长提供促进孩子发展的指导意见
充分利用校外教育资源	学校要加强与基层群众性自治组织、社会团体、公共文化机构、街道社区以及青少年校外活动场所等的联系和合作

李银河在2012年为方刚的书《性权与性别平等:学校性教育的新理念与新方法》作序中提到"性教育首先要理念正确,其次才谈得方法和技巧"[3]。换言之,尽管性教育方法和途径多样,都需要贴合性教育理念。在其著作中,方刚也提出了三点性教育的教学方法:

① 以讨论的形式进行学校性教育,比如以热点新闻为素材,学生讨论促进多元价值的交锋。

---

[1] 季成叶. 儿童少年卫生学 [M]. 北京:北京大学医学出版社,2006:350-353.
[2] 中华人民共和国教育部. 教育部关于印发《中小学心理健康教育指导纲要(2012 年修订)》的通知 [R/OL].(2012-12-07)[2020-10-12]. http://old.moe.gov.cn//publicfiles/business/htmlfiles/moe/s7164/201212/145679.html.
[3] 方刚. 性权与性别平等:学校性教育的新理念与新方法 [M]. 北京:东方出版社,2012:1.

② 同伴性教育作为性价值观培养的工具。

③ 性教育中教育者和受教育者中的"自我曝光",敞开心扉,坦露自己对性的认识及疑惑[①]。

肖颖珊 2017 年在《谈学校有效开展性教育的方法》中提出三点中小学校开展性教育的合理方法[②]:

① 教师要先了解性教育的内涵与概念并做到多元转换。如:联合国教科文组织 2010 年发布的《国际性教育技术指导纲要》中并没有提到隐私部位的概念,而是建议教育者告诉学生什么是"身体权",即每个人都有权利决定其他人是否可以触摸他们的身体,以何种方式,在哪些部位。相对于隐私部位,身体权这个概念更尊重学生的主观感受。从这个概念出发,教师在对学生进行预防性侵害的教育时,就可以以多元化的角度来处理,先从培养学生对身体的感觉出发,教他们学会感知身体发出的信号,并知道"自己的感觉很重要",当别人侵犯自己的时候,要正确表达自己的意愿,学会拒绝、逃离并告知可靠的大人。与此同时,还要教育学生在知道自己是珍贵的个体时,要自然联系"己所不欲勿施于人"的道理,从而产生对他人身体的尊重。性教育是爱的教育、情感的教育,绝不是仅仅解释生育过程或身体构造,在教学中教师可以将话题延伸到亲子关系、家庭的照料、生命的意义等主题,即教师可以把性教育与学生的生活紧密联系起来。

② 教师要把握好性教育的度,不能过于"畏首畏尾",但也不能"操之过急"。很多教师担心在课堂上不能恰当把握性教育的"度",担心性教育会对学生产生负面影响。众所周知,任何教育都要遵循学生的成长规律,性教育也不例外。性教育是一个时间跨度较大的工程,每个年龄段的学生所关注的性问题不一样,这是学生身体发育和社会认知使然。根据学生的认知特点,胡萍老师认为不可低估学生对性的认知能力,教师要尊重、信任学生。胡萍老师以"精子是如何与卵子结合"的问题为例,根据学生的年龄和认知发展水平进行教学,她给出了四个层次的答案。当学生的回答停留在"亲嘴、牵手、拥抱、睡觉"的层次时,她说:"爸爸妈妈身体接触,精子就会进入妈妈的身体与卵子结合。"当学生继续追问时,她做出了这样的手势:两个手掌合在一起来表示身体的接触。当学生的回答是生殖器接触时,她表示肯定。如果有学生继续追问:"生殖器怎么接触?"她回答:"精

---

① 方刚. 性权与性别平等:学校性教育的新理念与新方法[M]. 北京:东方出版社,2012:24.
② 肖颖珊. 谈学校有效开展性教育的方法[J]. 教育观察(下半月),2017,6(3):51–53.

子在男性的生殖器里,卵子在女性的生殖器里。男性与女性的生殖器接触,精子就可以过去了。"并配合两拳相碰的手势。倘若,还有学生继续追问:"生殖器的哪一个部位接触?怎么接触?"这就是第四个层次,胡萍老师是这样告诉学生的:"阴茎和阴道接触。"胡萍老师还强调,不要用"插入""性交"这类学生不明白的词汇。在回答学生的问题时,以解决他们当下提出的问题为原则。学生的成长存在差异性,在上性教育课的时候,可以留2~3分钟的时间给学生私下提问,这样既能帮助个别学生解决疑惑,又不至于提前唤醒其他学生的性意识。

③ 教师可以借助绘本来进行性教育。喜欢听故事是孩子的天性。利用绘本对学生进行性教育,往往会达到事半功倍的效果。例如,低年级的学生要知道"我从哪里来"。在这方面的教育肖颖珊老师就利用了绘本。首先,利用绘本《生命从哪里来》,从植物的种子怎样发芽、生长、开花到结果,到动物的卵有软的和硬的。其次,用绘本《为什么人要有肚脐》,让学生了解脐带曾把宝宝与妈妈连在一起,肚脐是妈妈对孩子爱的纪念。最后,出示绘本《我的身体》,告诉学生:妈妈的子宫是孩子的宫殿。婴儿在那里非常舒服、开心,有温暖的羊水保护,有妈妈的脐带供给氧气和营养,让婴儿快快地成长。性教育就是爱的教育,告诉学生"我从哪里来"正是一个让学生懂得爱自己、爱父母,懂得珍惜生命的最佳时机。绘本有图文并茂的特点,是性教育可供利用的好素材。例如,绘本《有什么毛病》,幽默的作者巴贝柯尔让玩偶泰迪熊摇身一变,成为荷尔蒙专家,还让小时候的爸爸妈妈成为故事中的例子,告诉阅读者荷尔蒙给他们带来青春期的变化。这本绘本解决了男女生一起上青春期课程的尴尬,它利用卡通动画的手法,以夸张的线条表现严肃的主题,用直接、不造作的语言,夸张、幻想与逗趣并存的图画,将成长的辛苦、曲折与奇妙,化成一场丰富而神奇的探索,是一本设计精巧、富有教育意义的绘本。

除上述两位学者外,胡珍也在之前的论文中举出了几个小学性教育实施可以采用的具体案例:美术课上,教师用身体结构绘图来讲授男孩女孩的区别;思想品德课上,在"尊重父母"的内容中穿插生命的起源,在"爱讲卫生"的内容中见机穿插生殖器的保健卫生内容;在班会课上,通过文艺节目的演出,告诉学生,保护自己的隐私和身体是每个人的权利[①]。而在实际操作中,上海理工附小的副校长徐晶提道:直管式教育、游戏式教育、情感式教育、情景式教育以及合作式教

---

① 胡珍,王进鑫,胡萍. 美丽谎言背后的凄凉——一年级小学生性教育调查报告下[J]. 中小学心理健康教育,2006(10):22-23.

育都是比较适合小学阶段的性教育。

王羽也对如何在小学阶段开展性教育提出了一些相对具体的对策和建议。首先，要把健康教育课纳入教学计划，最大限度确保健康教育课时数；其次，根据不同年龄段小学生的特点，合理编写设计完善的教学内容，小学教师应根据学生年龄特征，适时适度地把教学内容进行分解，妥善安排到每一年级的教学任务中去。再次，选择最适宜的教学方法（如：讲述法、示范法、活动法、讨论法、实地参观法、特邀讲座法等），以达到最佳的教学效果；最后，加强师资队伍建设，开展性心理咨询与辅导[①]。

上述几位学者的实践与分析，让现阶段学校教育的方法变得清晰明了，因此只要学校采用正确的教育方法，性教育并不是难以启齿的。

三、性教育案例

虽说我国现阶段性教育还有待改进，但也有一些学校的性教育开展得比较好，接下来将选取某小学与某中学两所学校作为案例来进行分析。

（一）上海 S 小学性别教育校本课程开发案例

随着孩子性意识的发展，父母和教师逐渐认识到接受性教育的重要性。我觉得父母有责任教自己的孩子们保护自己的方法，但是，考虑到父母系统性的专业知识不足，故而不能对儿童进行综合、科学的性教育。因此，学校必须为学生提供全面科学的教育指导。学校可以利用学生在学校的时间为学生进行系统、科学、全面的性教育。但是，很多学校和教师都为缺乏科学性教育的教科书、缺乏教师教学方式的范例、如何整顿课堂活动以实现科学性教育等一系列问题所困扰。在小学生的性教育中，S 小学实现了具有先驱性、独特意义的教育结果。

S 小学经过 10 年探索自主开发的性教育校本课程性别教育于 2010 年获得国家基础教育课程改革教学研究成果二等奖，并且于 2011 年推出沪上首套小学生性别教育教材《男孩女孩》，目前在上海杨浦区 18 所试点学校同步使用。S 小学将性教育作为该校心理健康教育课程"生命认识"教育的一部分，教材由该校 18 名心理健康教育课老师共同编写完成。经过小学性教育多年的实践和探讨，对如

---

① 王羽. 浅谈小学青春期性教育 [J]. 湖北广播电视大学学报，2009（11）：157-158.

何进行小学生性教育教学，如何真正实践"科学、干净"的性教育，该校积累了一定经验。接下来就来详细叙述该学校在性教育的过程中，是如何进行校本课程开发并运用到教学中的。

1. 性别教育课程的理念和定位

S 小学从 1995 年开始为学生开设心理健康教育活动课程，一般是由各个班级班主任作为任课教师。心理健康教育活动课内容中也会涉及一些关于儿童性别教育的内容，但是教育目标并不明确。2000 年，以帮助学生求证成长需求为发起点，S 小学决定着手开发性别教育课程。参与课程开发的小组总共由 18 名教师组成，校长丁利民作为课程领导者。这 18 名教师全部是 S 小学心理健康教育活动课的任课教师、班主任，经验丰富，且都已为人母。这 18 名教师以自愿报名的方式参与到性别教育课程开发过程中，其中徐老师为课程主要负责人。S 小学性别教育课程理念为：以"爱"为核心，用温暖和谐的视角，不仅教授相关的知识技能，更涵盖了对学生人文素养的培养，如：积极的人生态度、清晰的生命认识、温暖的人际关系、多元的人文视角、关切的环保态度，以及热爱生命、珍惜生命、敬畏生命的情怀。课程定位为：性别教育是以特定社会背景中的性别观念为基础，通过显性和隐性的方式融入教育的各个环节，影响受教育者性别认知发展和性别认同接纳，产生相应性别行为的社会化教育过程。

2. 性别教育校本课程的课程目标

课程目标：初步了解生命的意义和价值，珍惜生命，并尊重他人；初步了解小学不同年龄阶段男孩、女孩生理上、心理上的差异和变化，认同自己的性别，了解和接纳异性，体会成长的快乐；初步懂得自己是身体的主人，爱护自己的身体，不允许他人侵犯，学会基本的身体保护方法和技能，应对实际生活中的突发事件。

通过性别教育校本课程来回应一个个学生关于生命成长的问题，在此过程中初步了解生命的意义和价值，初步了解小学不同年龄阶段男孩、女孩生理上、心理上的差异和变化，初步懂得自己是身体的主人。最终通过这门课程使学生更加了解生命的意义。这与 S 小学的校训"不一样的生命，一样的精彩"所蕴含的教育哲理和所认同的学校文化一脉相承。与"性"相关的教育一直是个很大的禁忌，很多学校虽然想做，也尝试过，但是只停留在表面，为谈性而做性教育，因此很难拿捏性教育的尺度。从 S 小学性别教育最终确定的课程目标可以看出：S 小学性别教育并没有只停留在性生理上,而是在性生理的基础上,结合了性心理、性伦理等内容。这样的课程才能有比较高的基调,这样的性别教育才是"人"的教育。性别教育课程目标同时结合"科学精神"与"人文精神"两个方面。

3. 性别教育校本课程的课程内容

在当下社会背景下,性别教育校本课程开发的同时要顾及传统文化影响和社会观念的阻力,还要考虑自身的观念技能。由于性别教育的特殊性,内容的选择确定需要老师们运用自己丰富的实践经验和理论经验拿捏好恰当的"度"。S小学采用慎重选择策略,遵循循序渐进原则,首先尊重主流文化,选择了学生、家长和老师都能接受的性别教育内容。其次,考虑各阶段学生身心发展的规律特点及需要,选择恰当的性别教育内容。每堂课前都要事先邀请学校其他学科的老师来听"预讲",当其他老师也对内容认可时,才能初步决定课程内容。由于性别教育校本课程的开发是一个循环往复的过程,课程评价则贯穿课程从初始到成熟,并不断完善。

S小学的性别教育校本课程从2000年开始正式有了第一堂课,到2010年基本确定课程内容,其间课程细节内容不断经过反复推敲修改,最终才渐渐成形。目前,性别教育校本课程内容主要分成6个主要的目标、3个板块、4个理论。3个板块分别为:两性的身体成长、两性的关系与互动、两性的身体保护;4个理论包括性生理、性心理、性伦理、防范性与侵害。其中,每个内容板块根据低年级、中年级和高年级分成不同的内容模块。在每个内容板块中,每个年级段都会接受两个不同的内容模块,例如:低年级段的学生在"两性的身体成长"内容板块中,需要接受"生命的足迹"与"我从哪里来"两个内容模块的课程内容教育;而在"两性的关系和互动"内容板块中,需要接受"男孩和女孩"与"身体小秘密"两个内容模块的课程内容教育;在"两性的身体保护"内容板块中,需要接受"你我碰碰车"与"不当小红帽"这两个内容模块的课程内容教育。S小学性别教育课本内容见表5-2。

表5-2　S小学性别教育校本课程内容

板块	年级段	模块	主要内容
两性的身体成长	低年级	生命的足迹	生命的存在形式和成长
		我从哪里来	生命诞生和成长

续表

板块	年级段	模块	主要内容
两性的身体成长	中年级	生日赞歌	人类孕育过程，学会感恩
		性别密码	男女性别的由来
	高年级	生命如歌	人的成长不同阶段
		走进花季	准青春期身心变化
两性的关系与互动	低年级	男孩和女孩	男女差异和互补
		身体小秘密	爱护自己的身体
	中年级	我爱我家	学会与父母沟通
		不同的爱	生活中的感情
	高年级	性别名片	构筑自己的性别身份
		亲密有"间"	男女生交往方法
两性的身体保护	低年级	你我碰碰车	交往中的礼仪
		不当小红帽	防止诱拐和伤害
	中年级	身体红绿灯	身体保护与界限
		勇敢说"不"	学会对性侵害说"不"
	高年级	远离诱惑	信息的甄别和选择
		加强自我防范	防范侵犯保护自己

4. 性别教育校本课程的教学方法

S 小学的性别教育校本课程的课程受益者是小学阶段六个年级的全体学生。在课程具体实施过程中，对于教学方法的选择，既要考虑课程内容的特殊性，更要考虑小学阶段学生的认知发展特点。在教学方法的使用上要把握火候，要选用符合小学阶段学生认知特点的方式。相对于其他学科，性别教育内容的讲解原则很特别。

例如：在课堂上，对"月经"的解释并不能用生硬的科学定义，否则会引起小学低年级女生的害怕恐慌情绪；"阴道"在课堂互动中被解释成"婴儿出生的通道"，这样的解释既满足了词意上的相通，也可以形象生动地让学生明白阴道的功能。在教学方法的选择上，S 小学采用"游戏活动策略"。通过运用老师们的智慧设计出富有趣味性的教育形式，使原本生涩的教育内容变得富有趣味性，并且明朗干净。教学设计中，S小学结合学生的认知发展特点，运用游戏活动的教学方式，旨在使学生在活动中获得生命感悟和人格发展。通过课堂观察法，研究者亲自走进了性别教育的课堂，直接参与到课堂互动观察中。

通过观察发现，在性别教育课堂中老师会结合本课主题和内容，采用以下几种主要的教学方法：

① 直观式教育法。在"生命的足迹"模块，通过使用"直观式教育法"向学生展示完整生命发展的各个阶段。在课堂中依靠多媒体设备播放一段关于一个男孩如何从精子不断快速成长为超人，实现自己的梦想的视频。这样的教学方法很容易激发学生的兴趣。通过文字和画面的展示，学生会尽快地进入课堂情景，看完视频学生们会比较直观地体悟"生命是短暂的，我们要珍惜"。

② 游戏式教学法。考虑到小学生认知发展规律和特点，尤其是低年级学生的思维方式具有具体形象性的特点，他们很愿意参与到生动有趣的游戏中去，所以"游戏式教学法"是课堂中特别是低年级课堂较为常用的教学方法。例如：在高年级学生"性别名片"模块学习中，老师设计"森林探险寻找宝藏"的游戏，让学生以小组为单位讨论自己组内男生和女生分别前往森林探险时所能承担的任务。学生们通过参与任务分配可以直观了解到女生适合什么样的任务，男生适合什么样的任务。之后在老师的指导下，学生们自己总结出男生和女生各自的优势和劣势。

③ 情感式教学法。在低年级课堂全班一起参与"我从哪里来"模块的学习中，老师运用"情感式教学法"更好地升华了本课的课程主题。在课堂上老师一边放着音乐，一边让学生读一封来自自己父母写给自己的信，很多孩子在读完信中的内容后，感动得流下了眼泪，感恩自己的父母对自己的无私付出。这种教学方法可以调动学生的情绪，并激发学生的积极情感，使学生获得对课程内容更透彻的感悟。

④ 情境式教学法。比如在"两性的身体保护"板块中很多内容都会使用"情境式教学法"。老师会设计一些日常生活中的场景游戏，例如"给娃娃穿上合适的衣服""画出身体警报器""不当小红帽"等。这种方法可以针对中、高年级学生腼腆、不肯说的特点，将游戏情景设计成学生可能会遇到的情况，让学生设身处地地去思考、讨论。这样的教学方法可以使学生将所学与自己的生活相结合，灵活运用到生活中，真正做到"学有所用"。

⑤ 合作式教学法。以采用小组合作和个别学习来完成课堂中布置的教学任务。这种教学方法在性别教育课堂中最为常见，大多数课堂活动都需要学生合作参与，比如"识别大灰狼"的游戏，需要整个小组一起讨论获得更多生活中"大灰狼"的特征，在以后的生活中学生们能更容易地辨别出生活中"坏人"的特征，提早防御保护好自己。一般老师都会把课堂中的桌椅安排成小组的形式，让学生以小组合作的形式参与到课堂互动中。因为合作式教学方式的使用，学生更加积极投入，整个课堂氛围也显得比较轻松。

5. 性别教育校本课程的评价方法

S 小学一是采用"家校合作的联动式评价"方式，即在评价环节，邀请学生家长也参与到课程评价中来。主要是考虑到家长们是否在性别教育中有所顾忌或无所适从。在每次课程结束后，家长们根据自己孩子对于教学内容的反馈来填写简单的课程反馈表。学校让家长参与到课程评价中，一方面可以使家长了解到近期学校性别教育的主题，打消多余顾虑；另一方面也可以从家长角度为课程建设提出意见和建议，帮助学校更好地发展完善课程。

评价表格内容设计方面，S 小学以尊重学生个体差异为前提，但通过评价要了解学生到底在课程中获得了多少成长是很难做到的，也不是性别教育课程实施评价的目的。课程希望每节课学生都有所获得，有所成长。每个学生在接受性别教育之前本身的基础和程度是不一样的，每个学生只要在课后觉得自己有所收获，不管其中收获成长有多大，都能被认为是一种获得，都是一种"好的成绩"。而家长通过填写"孩子是否有困惑"，"孩子还需要哪些帮忙"也可以为课程内容和教学组织提出很多意见（如图 5-1 所示）。

```
_____性别教育课程情况反馈
亲爱的家长：
    前阶段，您的孩子与我们共同探讨了"_____"这个话题，
我们希望孩子能懂得_____，
掌握_____。为了更好地完善课程，我们还希望您配合填写以下
问题，谢谢！
    孩子学到了什么？_____
    孩子是否有困惑？_____
    孩子还需要哪些帮助？_____
```

图 5-1　性别教育课程情况反馈

二是采用"及时反馈课堂效果的模糊式评价"方式。关于教师发展的评价,通过及时反馈课堂效果的模糊式评价,即学生满意度调查结果表(见表5-3)来实现。相对其他国家课程更关注科学知识的教授和传递,性别教育课程更关注学生在课堂上通过显性的教学设计环节所获得的体验感悟,以及隐性的教师引导对学生价值观、思维方式等的影响,所以学校认为对于课堂教学和教师教学能力的评价宜粗不宜细,将抽样评价与全样评价相互结合。评价具体包括课程内容、教学方式、教师态度、同伴合作、课堂收获5项内容。

表5-3 学生满意度调查表

项目	非常赞同 5	同意 4	一般 3	不同意 2	反对 1
1. 教学内容很吸引我					
2. 教学方式我很喜欢					
3. 老师的态度很亲切					
4. 同学间合作很愉快					
5. 这堂课我是有收获的					

三是采用"拓展课内教学的追踪式评价"方式。为了更好地发挥性别教育课程的效果,根据课程主题、内容、学生课堂互动效果、学生发展方向,S小学还在课程之外设计开展了许多与课程内容相匹配的课外实践活动,例如主题绘画、查找相关资料信息、社会调查项目等活动,学生以独立或小组合作的方式参与到活动中。在任课老师的指导下,学生以自评和互评方式填写"学生开展追踪式评价表"(见表5-4)。从评价表的内容设计可看出:学校更加关注拓展活动是否满足学生成长,任课教师应对学生的体验和所付出的努力给予鼓励、支持和欣赏。

表5-4 学生开展追踪式评价表

性别课程课外实践活动自评、互评单			
学生姓名:		主题名称:	
活动表现	优秀	一般	努力
活动作品	优秀	一般	努力
活动收获:			

S 小学的性别教育课程开发这一案例为小学阶段"科学又干净"的性教育树立了良好示范样例。从最初只是为了帮助学生求证课后的一个问题,到变为一堂课,经过努力最后形成一门课程。课程从 2000 年开始到 2010 年基本确定,历经 10 年,不仅于 2010 年获得国家基础教育课程改革教学研究成果二等奖,还在性别教育课程实践上取得了良好的教育效果和社会效应,值得各个中小学借鉴与学习[①]。

(二)初中性健康教育校本课程教学案例

1. 初中性健康教育课程的内容与课时安排

由于我国特殊的国情,学生性健康教育几乎为零。初中学生处于青春期,身体上的变化使他们有了对性的好奇,性生理知识的教授是初中学生所急需的。性生理知识是性心理、性道德和性法制的基础。缺少了性生理知识,就无法从根本上解释性心理;脱离性生理知识的性道德教育是抽象的性教育[②]。从我国青少年生理、心理需求以及我国学校教育资源情况出发,该校的性健康教育标准中将初中性教育的内容分为八个部分,见表 5-5。

表 5-5 初中性教育的内容

第一部分	人体的解剖生理知识
第二部分	青春期生理卫生
第三部分	个人卫生习惯与健康
第四部分	合理营养与健康
第五部分	学校生活卫生(含教学卫生与环境卫生)
第六部分	常见疾病的预防
第七部分	心理卫生
第八部分	体育锻炼与健康

---

① 本案例改编自李步芸. 小学性别教育校本课程开发研究——以 S 小学为例 [D]. 上海:上海师范大学,2017.

② 邓金霞. 美国性教育课程标准和初中通用版教材 Health & Wellness(性教育部分)的研究 [D]. 上海:华东师范大学,19.

初中"性健康教育"校本课程教学内容选择以性生理知识为基础着重性生理知识的教授，同时涉及性心理的疏导、性生理卫生保健知识的传授与性法制的普及。改革开放以来，我国教育工作者越来越重视对孩子的性健康教育问题，编撰与翻译了大量的有关性健康教育读本，例如：运用卡通漫画，图文并茂对青少年进行性健康教育的《成长与性》（胡萍）；将自己进行性健康教育的经验进行总结，启发他人的《如何与孩子谈性》（美国艾尔夫妇）；在上海进行试点教育并被孩子接受的《男孩女孩》等。性健康教育读本各具特色，在分析学生需求后，根据学生学习经验参考性健康教育读本，组织更适合学生的性健康教育专题教材，在教材中运用图文、案例、问答等形式贴合学生需求。

在初中性健康教育校本课程的课程目标与课程内容选择完成后，学校就要进入最重要的实施课程部分了。在实践前，首先要考虑课时的安排，某学校将性健康教育作为校本课程开课，保证了课程的系统性与连贯性。课时安排具体见表 5-6。

表 5-6 初中性健康教育校本课程课时安排

课题	主题	课时
课题一	男女性生殖系统	1 课时
课题二	受精与胚胎发育过程	1 课时
课题三	分娩与婴儿养育体验课	1 课时
课题四	成长中的小烦恼（生长发育）	2 课时
课题五	计划生育与避孕	1 课时
课题六	HIV	1 课时
课题七	同伴交往	1 课时
课题八	法制教育	1 课时

2. 初中性健康教育校本课程教学案例

接下来选取八大课题中的课题二来进行教学案例的展示。某学校教师的课题二教案见表 5-7。

表 5-7　某学校教师的课题二教案

课题二：受精与胚胎发育	
一、教学目标	1. 通过本节课的学习，了解胚胎发育全过程； 2. 通过本节课的学习，能够阐明性生命是如何诞生的； 3. 通过本节课的学习，知道一个婴儿是需要人的护理和照顾才能长大的
二、教学重难点	教学重点：新生命开始于受精卵胚胎发育的过程 教学难点：胚胎发育的过程妊娠与分娩
三、教学方法	视频教学法，讲授法，体验式教学法
四、课前准备	胚胎发育的视频，PPT
五、教学过程	

教学环节	教师活动	预设学生行为	设计意图
导入	教师带领学生一起回忆上节课男性、女性生殖系统的主要结构。教师提问：请问大家的家中或生活周围有没有怀孕的孕妇或是可爱的小 baby 呢？那么大家知道孩子在母亲肚子里是怎么慢慢长大的吗？今天我们就通过视频来学习胚胎发育的全过程	回忆男性、女性生殖系统；学生周围肯定会有孕妇及小baby；对胚胎发育全过程的好奇	回忆生殖系统为胚胎发育提供前提；以问题引起学生学习兴趣
视频学习	教师在播放视频前创设问题： 4. 胚胎发育是从什么时候开始，是精卵细胞形成后还是从受精开始？ 5. 胚胎发育过程总结 6. 胚胎发育时长。教师播放胚胎发育过程视频（注：1、2、3问题在课题一已经提出，说明了课程设计的连贯性与递进性）	观看视频回答问题	引导学生关注视频中的重要信息
学生讨论	教师组织学生进行小组讨论问题，同时请学生以小组的形式进行回答	学生进行小组讨论并汇报成果	检验学生视频学习成果
总结提升	教师总结胚胎发育过程，讲解妊娠与分娩，以及妊娠中的一些分娩视频	观看视频	培养学生对母亲的感情
过渡	教师提问：大家都通过视频了解了胚胎发育的全过程，那大家有没有兴趣听听双胞胎的形成呢？大家先来集思广益地讲讲自己对双胞胎形成过程的猜想	小组讨论回答问题	对学生的思维进行扩展训练

续表

教学环节	教师活动	预设学生行为	设计意图
教师讲解	教师视频讲解或自主讲解同卵双生和异卵双生的形成过程	看视频	对胚胎发育过程进行深化
过渡	教师引导：孩子出生后也不是自己就可以健康地成长，下面我们一起来看看 baby 在出生后需要父母怎样的照顾。播放照顾 baby 视频	学生回答问题观看视频	使学生形成爱父母的思想与婴儿照顾不易的思想
小结	教师总结本堂课的知识点，可先让学生进行总结，由教师进行补充	总结本课所学内容	巩固
课后小作业	教师布置课后小作业：回家询问母亲在怀孕期间的事与照顾孩子时的事，写一篇调查小论文		巩固提升

课题二开始之前，教师先带着学生们回忆上一节课学习的生殖系统的主要结构（教师多媒体展示男性和女性模式图），让学生们回答。回忆巩固上节课知识后，教师再通过提问的形式导入新内容进行学习。本节课结束后教师对主要内容进行总结，并做一个课后的升华，让班上的同学们都回去采访自己的妈妈，了解母亲在怀孕期间的感受和身体上的变化以及孕期的趣事，写一篇调查小论文。

性健康教育不光是要让学生了解性健康知识，更重要的是通过性健康教育改变学生对性的看法，解决学生的青春期烦恼。教师根据性健康课程的需要，通过课后作业进一步对学生进行课程升华。并且通过匿名书信的方式，解决学生的烦恼。同时，分析学生对性健康教育的需求，及家长对性健康教育的支持程度与参与度，进而改善性健康校本课程。从以下学生的作业来看，教学效果很好。

学生 A：妈妈怀孕感受

我们都是从妈妈的肚子里出来的，生命是爸爸妈妈给的，妈妈是伟大的。感谢妈妈生了我，让我看见了这个美丽的世界。怀胎十月，母亲顶着大肚子，她知道接下来将多痛苦，但她不后悔。我的妈妈也是很厉害的，生了我和姐姐两个，我从她口中得知，我妈妈在生我的前一天，还在工作呢，而我妈妈在生我的那天还是自己走路去的医院，而且不近哩。妈妈怀孕行动不便，但在这样的情况下她仍然在工作，可想而知我的妈妈是多么的坚强。恰逢那时国家实施了计划生育政策，只能生一个，但是我妈妈不顾反对地生下了我，所以那时怀着我的她东躲西藏。这是令我感动的。她说既然给了我生命，那么无论如何也要把我生下来。所以我是不是应该比常人更加感激我父母呢？生我和姐姐确实很痛苦，但是她说有我和姐姐的出现是很开心的，所以她并不后悔。

该校教师反应，大部分的学生能够较认真地完成教师布置的任务，与母亲促膝长谈，为家长教育孩子提供机会的同时增进学生与家长之间的感情。约有30%的学生提交上来的作业令人不太满意，对所要求采访的内容没有达到预期效果。与这一部分学生进行面谈后，了解到学生家长不太支持性教育工作，认为学生没有必要知道怀孕时的事，认为学生随着年龄的增长自然而然会知道相关知识。

学生B：书信

亲爱的老师：

你好！

很高兴你可以帮我们解决一些心理上的问题，什么拍马屁的话就先不说了嘛，切入正题。我是一个"傻白甜"的女孩，成绩中等，体育还凑合，长得也不怎么好看，就是一个大家都觉得很活泼可爱的女孩。居然会因为心理上的一些问题，险些两次自杀成功。很惊讶对吧？第一次是割腕，第二次是喝安眠药。都说到这里了，也不用瞒着你了，我是有抑郁症，而且没有好转反而更加严重。也在吃药，但是自我感觉没有什么用。其实，我也不知道我为什么会有抑郁症，我其实挺开心的啊，可能是因为家里人的不理解吧。我有一个两岁的弟弟，我妈特别疼他，我们一家好像除了我都挺疼他的。我以前也挺疼他的，但我觉得他抢走了属于我的那份爱。我妈会偷偷带我弟去很多很好玩的地方，却不带我。我爸会偷偷满足我弟的小愿望（哪怕只是随口一说而已），但是对我不会。我弟弟犯了错，我爸妈只会说："没事，下次不要再犯就好了。"然后转头问我："你为什么没有带好你弟弟？"我妈经常"教育"我弟弟的几句话就是："没事的，我们不久把你姐姐嫁出去。""你以后可不能找你姐姐这样的女娃啊"……我只能是微微一笑。每次我作业多，写得很晚的时候，我妈就会一大早地起床就说："看嘛，晚上使劲玩手机，早上又起不来了吧，活该。"真的不是不想沟通，不是不想尊重，是他们把他们推向了我的黑名单,总是拿我不擅长的跟别人擅长的比。我也有努力为什么她就看不到呢?我知道我读书不是很专心,为什么每次都要来打击我呢?每次有一点点小进步回家告诉她,却每次都是"为什么没有拿个第一回来"……我也不知道到底写什么,就是倾诉一下吧。

从这封信可以看出,学生开始慢慢放下戒心,愿意与教师分享自己的烦恼。通过性健康教育的学习,学生知道对父母来讲自己是独特的存在。来信的大部分学生主述的问题不是围绕着青春期生理上的问题,而是伴随着年龄的增长,青春期的孩子们越来越期望家长重视他们的尊严、自由、隐私等权利,期望家长和自己交谈时具有同等地位,进行朋友式的交流。

上述该学校性健康教育校本课程教学案例,从课程开发角度来讲,整个初中"性健康教育"校本课程开发依据塔巴模式进行课程开发,具有校本课程开发的整体结构组成,课程开发具有完整性与连贯性。从课程实施角度来讲,该学校初中性健康校本课程的开发取得了一些成绩,学生通过该课程的开展掌握了一些性生理方面的知识,同时重新认识了自我,及自己与父母的关系,为即将到来的青春期奠定了知识准备;通过校本课程的实施掌握了基本的避孕常识,同时了解到人流、艾滋病和性病的危害,知道偷尝禁果所带来的后果,为以后的男女交往、婚姻生活奠定了基础;通过校本课程的实施,学生了解到身边所隐藏的性侵案例,同时学习到保护自身安全的法律,为以后步入社会的性安全意识打下了基础。由此可见,性健康教育校本实施效果基本达到预期。此案例也为未来初中性健康教育提供了一定的借鉴和参考价值[①]。

第二节 新加坡性教育方法

《孟子集注》中言:"事必有法,然后可成。"[②]没有一种教育活动的成功完成是不需要教育方法的。性教育方法是教师在性教育过程中为达成性教育目标而实施的有目的的活动方式和手段。性教育方法以性教育的发展规律为依据,同时又受性教育的目标和内容所制约。它是提高性教育实效性的关键,在实际的性教育

---

① 本案例改编自:熊华. 初中"性健康教育"校本课程开发与实践研究 [D]. 成都:四川师范大学,2020.
② 朱熹. 四书集注·孟子集注 [M]. 北京:中华书局,1983:24.

实践活动中，多种科学新颖的方法灵活自如地搭配运用，能够与性教育计划的内容和课程形式配合得天衣无缝，从而完美地完成目标，从而使性教育计划的实施获得最大的效果。新加坡积极学习、模仿、移植中西方先进的性教育方法，吸收外来先进文化的同时，对本国的性教育方法进行改造创新，构建了不同于普通教育的方法，使之更适应新加坡性教育的发展需要。

对新加坡性教育的教学方法进行阐述，有助于从微观层面把握性教育计划的具体实施。新加坡教育部与教育工作者认为，性教育是一个特殊的领域，需要采用特殊的教学方法，普通教育的教学方法并不适合性教育计划的实施要求。考虑到教学方法是否适应教育发展要求的问题，新加坡教育部采用跨学科教学法、案例研究法、现实场景法、叙述法（故事法）等方法，构建出适合新加坡性教育实施的方法，更好地在学校实施国家性教育计划。

一、跨学科教学法

跨学科是指超越一个单一的学科边界而进行的涉及两个或两个以上学科的知识创造与传播活动[①]。因此，跨学科教学法指通过整合两个及更多学科或专业知识体系的理论、根据、数据、视角、信息、概念以及技术，帮助解决单一学科或领域难以解决的问题的方法[②]。新加坡性教育计划在实施中采用了该方法。教育部在学校中不仅设置了专门的性教育课程，将两个性教育计划以课程的形式付诸实施。同时，性教育还分散在普通教育的课程中，如级任教师辅导课、科学课和品格与公民教育课。通过品格与公民教育课，学生可以获取适合新加坡的东方道德价值观，进而训练学生的道德判断能力，使学生明白身为年轻公民应有的现代公民素质和社会责任，把学生培养成内外兼修的"合格公民"。通过品格与公民教育课、科学课等，将性教育与道德教育、科学教育结合在一起，不仅使学生获取了科学的性知识，同时也培养了青少年家庭为先、社会为本、遵纪守法、诚实仁慈且有责任感的良好人格和品质，形成了良好的科学风气和社会道德风气，这种崇尚科学和道德的氛围也为新加坡的性教育奠定了良好的基础。

---

① 跨学科教育：一流本科的必然选择[EB/OL]．(2016-05-23)[2020-10-20]．http://www.cssn.cn/jyx/jyx_xzljy/201605/t20160523_3019486.shtml．

② 王泓．浅谈大学跨学科课堂教学设计——以农业资源与环境专业的生物化学课堂教学为例[J]．教育教学论坛，2017（51）．

二、案例研究法

案例研究法主要是通过真实案例和真实故事的呈现让学生对其进行演绎、分析和讨论，旨在发展学生推理、解决问题和决策的能力，因而该方法主要用于技能获得的课堂。教师不仅要向学生传授性生理、性心理、性文化等知识，还要教授学生关于性侵害防范及第一时间判断身边人遭受性侵害的技能。例如，性侵犯护理中心（SACC）会定期对学生开展讲座或研讨会，教师可以通过讲述遭受性侵害的幸存者的案例，引发学生对案例的思考与讨论，并对预防此类案件再次发生提出自己的建议，在潜移默化中将正确、科学的性理念传递给学生，提高学生识别性侵害进而保护自我的能力。

三、现实生活场景法

现实生活场景法就是通过场景模拟和角色扮演的方式，让学生在轻松、随意、玩乐的氛围中接受正确的性教育。场景的模拟和角色的扮演是指教师设计几个日常生活中可能会发生的场景，由学生主动选择扮演的角色。结束以后，由教师引导归纳，点明正确的性观念和态度，这种教学方式轻松、自然，富有启发性，让学生在亲身实践中感受到当下角色的心理、行为和情绪的变化。例如，教师向学生讲解如何分辨不同性别在少年期和青春期时的不同心理和情绪变化时，教师可以让学生扮演有别于自身的性别，体会不同性别的不同心理和情绪变化。

四、叙述法（故事法）

叙述法是一种以自身的经历或虚构的故事为主要形式，帮助学生认识和澄清自己价值观的方法。在课堂上，教师不仅引导学生针对"性"讲述自己亲身经历或编织的故事，还带领学生反思故事中主人公的价值倾向和行为选择。同时，还向学生传授关于性知识、性理念和两性关系正确的信息，从而帮助学生形成社会普遍认可的、科学的、健康的性道德观和性价值观。在实际教学过程中，教师需要控制好整个教学活动的节奏，紧紧围绕"性"的话题展开，调动学生分享与反思的积极性，并针对学生的分享与交流进行及时、恰当的总结与归纳，在潜移默化中将新加坡关于性的主流价值观念传授给学生。在对学生进行性教育时，教师常常会编织"新加坡故事"作为建构学生主流价值观的一种手段。

五、新加坡性教育实施案例

新加坡中小学有着独特的教育体制，小学、中学和预科学校分别采用了不同的性教育教学资源包，根据不同的学习阶段设置不同的课程标准，包含不同的课程目标、课程内容和课时安排。笔者从新加坡中小学中选取三所学校，将三所学校的性教育课程分别呈现出来，以小窥大，总结新加坡性教育计划在学校实施的特征。

首先，白沙小学的性教育课程具有典型性。学校采用成长岁月计划中的"好奇心灵（第2版）"，在帮助学生了解青春期的身体、认知和情感，正确处理与异性关系、建立责任感等方面效果显著。其次，莱佛士女子学校的性教育很好地承袭了新加坡教育部性教育计划的五大主题，将性教育贯穿于整个中学阶段，对于性教育的具体落实起到了很好的带头作用。最后，国家初级学院将性教育的开展聚焦于健康、负责任的两性关系，使学生认识到了贞洁的珍贵，禁欲的重要性，从而提高了自身对性教育的认识，这也使得该校在性教育方面独树一帜。因此，笔者选取了这三所学校进行分析。

（一）白沙小学（White Sands Primary School）

小学高年级（小学5年级和6年级）标志着青春期的开始。随着经济水平的提高，学生的营养水平和医疗保健水平也越来越高，现在的学生比以往更早地进入青春期，并且必须要自己去解决身体、情绪和心理方面的变化。这意味着孩子在生物学上已经具备进行性活动的生理结构，然而，相应的认知和情感却不足，无法很好地调节他们自身的行为。新加坡教育部认为成长岁月计划中的"好奇心灵"的教学和学习资源包能够解决以上的问题和挑战。

白沙小学采用成长岁月计划中的"好奇心灵（第2版）"（Curious Minds）教学和学习资源包，旨在满足学生关于性的身心发展需求，重视技能和价值观的教学。不仅专注于帮助学生应对青春期的身体、认知和情感的变化与挑战，还引导学生学会与异性建立健康、负责任的关系。初步教授学生如何分辨性侵犯以及面对性侵犯时更好地保护自己的途径和方法。

2019年白沙小学五年级和六年级关于成长岁月计划的学习主题、课时安排、课程目标等情况见表5-8和表5-9。

表 5-8 新加坡白沙小学五年级的性教育课程①

单元	课程/持续时间	课程目标	时间段
天哪！我正在改变（Gosh! I Am Changing）	我是怎么了？（30 分钟）	1. 知道青春期是什么； 2. 确定青春期的身体变化	第 2 学期 第 10 周
	我该怎么办？（第 1 部分）（30 分钟）	1. 确定青春期身体和情绪变化所导致的压力； 2. 教育学生用健康的方法来管理青春期身体和情绪变化所导致的压力； 3. 描述青春期身体变化所引起的情绪变化； 4. 认识到即使一个人的身体因青春期而发生变化，一个人的身份也不会改变	第 2 学期 第 10 周
	我能做什么？（第 2 部分）（30 分钟）	1. 确定青春期身体和情绪变化所导致的压力； 2. 教育学生用健康的方法来管理青春期身体和情绪变化所导致的压力； 3. 描述青春期身体的变化所引起的情绪变化； 4. 认识到即使一个人的身体因青春期而发生变化，一个人的身份也不会改变	第 2 学期 第 10 周
	主要任务（30 分钟）	主要任务描述： 学生将进行角色扮演的游戏，以帮助同伴解决他/她在青春期的经历。他（她）们将从同伴的角度考虑这种情况，并分享帮助他/她应对他/她正在经历的变化的方法	第 2 学期 第 10 周
我属于哪里？（Where I Belong?）	什么是家庭？（30 分钟）	1. 知道有不同类型的家庭结构； 2. 知道每个家庭都是独一无二的； 3. 说明家庭的三个基本功能是给予爱、保护和指导； 4. 确定在需要时寻求合适的帮助来源	第 4 学期 第 9 周
	我的角色是什么？（30 分钟）	1. 知道性别是男性还是女性； 2. 提醒自己不要有性别的刻板印象	第 4 学期 第 9 周
我如何保持自己的安全？（How Do I Keep Myself Safe?）	什么是安全？（30 分钟）	1. 知道什么是性虐待； 2. 知道新加坡有法律可以保护他（她）们免受性虐待； 3. 了解自己有保护自己免受性虐待的权利	第 4 学期 第 9 周
	停下来！跑！告诉！（30 分钟）	1. 抵制、摆脱伤害并寻求可信赖的成年人的帮助来保护自己； 2. 了解他们在减少性伤害风险方面的责任	第 4 学期 第 9 周

---

① White Sands Primary School. Sexuality education programme [EB/OL]. (2019-03-23) [2020-10-25]. https://whitesandspri.moe.edu.sg/character-development/sexuality-education-programme.

表 5-9　新加坡白沙小学六年级的性教育课程①

单元	课程/持续时间	课程目标	时间段
我们不仅仅是朋友吗？（Are We More Than Friends?）	谁是我的朋友？（30分钟）	1. 识别健康友谊的品质特点； 2. 认识到在友谊中做出明智选择的重要性	第4学期第9周
	我是一个好朋友吗？（30分钟）	1. 识别他（她）们作为朋友的品质特点； 2. 认识到在自己身上发展好朋友品质的重要性	第4学期第9周
	什么是爱？（30分钟）	1. 识别爱和迷恋的特征； 2. 区分爱与迷恋的特征； 3. 分辨因迷恋而产生的不同的感受	第4学期第9周
	我坠入爱河了吗？（30分钟）	1. 管理迷恋所带来的强烈感受； 2. 找出管理和应对同伴取笑的方法	第4学期第9周
	主要任务（30分钟）	主要任务的描述： 学生将扮演游戏设计师的角色，他们想要创造一种桌游游戏，帮助同龄的学生了解更多关于人际关系的重要概念，特别是关于家庭、友谊、爱情和迷恋。他们将考虑同伴会面临的问题，并精心设计他们认为的同伴可能会获益的问题和答案	第4学期第9周
朋友还是敌人？（Friends or Foes?）	你真的是我的朋友吗？（30分钟）	1. 通过社交网站与异性确定关系的利弊； 2. 知道在使用社交网站时保护自己安全的方法	第4学期第9周
	这一切都安全吗？（30分钟）	1. 知道通过互联网接收到的某些信息（如色情内容）可能是有害的； 2. 知道在使用社交网站或互联网时保护自身安全的方法	第4学期第9周
	主要任务（30分钟）	主要任务的描述： 学生可以在不同的场景中表现出他/她们自身对于安全的理解，其中主角可能处于危险的境地。他们将从主角的角度去考虑情况，讨论他们对危险境地的看法和感受，以及他们将采取什么方法来确保自身的安全。这些情景将为学生提供展示他们对安全的理解的机会，并确保安全是一项权利和责任	第4学期第9周

① White Sands Primary School. Sexuality education programme [EB/OL]. (2019-03-23)[2020-10-25]. https://whitesandspri.moe.edu.sg/character-development/sexuality-education-programme.

从白沙小学五年级和六年级性教育课程可以看出，五年级的性教育主要有三个主题：学生初入青春期时生理、心理和情绪的变化及挑战；家庭的结构类型及家庭对个体的作用；性虐待的概念及保护自己安全的途径和方法等。

首先，进入青春期初期阶段的学生，自身带有本年龄阶段独有的特征。一方面，身体、心理与情绪有了较大的变化。面对突如其来的变化，学生可能会出现多种较为复杂的压力。因此，在这个阶段，教师要向学生厘清个体进入青春期正常的生理、心理和情绪变化，教授学生一些管理与应对这些变化的方法，帮学生疏通压力。根据学生的身心发展特点，教师多采用角色扮演的游戏，鼓励学生多分享自身经历的变化和压力及应对这些变化和压力的方法，以此帮助学生对青春期的变化保持自然的态度。另一方面，青春期阶段的学生急需在社会中找到自己的角色定位和社会地位。因此，这个阶段，教师把性教育的一个重点放在了学生角色认同感的培养上，以减少学生的性别刻板印象。

其次，新加坡高度重视家庭在社会中的地位和作用，把爱、相互尊重和负责的家庭看成是社会的基本组成单位。因此，这个阶段教师的另一个性教育重点便是培养学生"家庭为根"的价值观，让学生知道家庭是个体最温暖的归宿，无论自己在何时遇到何事，都可以向家长寻求帮助。

最后，在保护自身安全方面，首先要向学生厘清性侵犯的概念，使学生能清楚地分辨出哪些行为属于性侵犯的范围，知道自己有免受性侵犯的权利，大概了解国家颁布了哪些相关的法律来保护个体免受性侵犯的危害。除此之外，教师还会教授当个体遭受到性侵犯时，如何寻求他人的帮助、判断寻求何人的帮助及相关的自救方法。

六年级的性教育主要围绕着两性关系展开。首先，帮助学生识别健康的友谊的特征，以此评判自己和朋友是否具有良好的品质；识别并区分爱与迷恋的不同特征，分辨爱与迷恋而产生的不同情绪和感受。教师要教授学生管理自己陷入迷恋之中的情绪和情感的方法，帮助学生正确排解情绪。其次，教师要给学生分析通过社交网络与异性确定关系的利弊，让学生了解通过互联网可能会接收到某些对自己身心发展不利的信息，如色情内容。当学生徜徉在互联网中时，要教给学生在社交网站中如何保护自身的方法与措施。

值得注意的是，每个年龄阶段接受的性教育内容根据学生的生理和心理发展规律呈现层次性。同时，在每一阶段的学习之后会安排相应的实践环节。学生可以通过不同的方式（角色扮演游戏、案例研究、现实生活场景等）将课堂上学习的理论知识付诸实践,内化为自身的生活习惯,从而在现实生活中得以应用,更好地维护自身的安全。

(二)莱佛士女子学校(Raffles Girls' school)

莱佛士女子学校中学部的性教育承袭新加坡教育部性教育计划的五大主题,依然通过科学课(Science)、品格和公民教育课(CCE)、成长岁月计划(GY)和授权青少年项目(eTeens)等实现。不过,莱佛士女子中学使用了"成长岁月计划"中的"青少年时期"(The Teenage Years)和"感觉与性行为"(Sense & Sexuality)的教学和学习资源包。通过这两个教学资源包的使用,其目的在于培养中学生积极的自尊心和良好的品格,帮助学生处理与性有关的各种疑问。同时,通过 eTeens 计划的实施,不仅让学生学会做出明智的决定以及掌握高效谈判的技能,还可以培养其面对同伴的不合理性要求时坚决说"不"的能力。除此之外,他们还会学习到艾滋病及其他性病毒传播感染给自身和家人所带来的严重后果和影响,以此强调婚前禁欲的重要性,确保学生能够更好地保护自己。

莱佛士女子中学的性教育理念与新加坡教育部一脉相承,主要以成长岁月计划(GY)和授权青少年计划(eTeens)为主。成长岁月计划贯穿莱佛士女子中学整个教育教学,只是不同的年级设置了不同的课程目标、课程内容及课时要求。授权青少年计划主要在中学三年级的第三周和第五周实施。下面将两个计划在中学各年级的不同要求以表格的形式呈现出来,见表 5-10~表 5-13。

1. 成长岁月计划(GY)

表 5-10 莱佛士女子中学一、二年级的性教育课程[①]

单元	课程/持续时间	课程目标	时间段
真实的自我(The Real Self)	1 60 分钟	1. 知道一个人对自己身体的看法是如何与个人经历及其所接受的信息来源联系起来的; 2. 认识到一个人的自我认知受到他对自己身体的感知的影响; 3. 知道发展健康和积极的身体感知的策略	第 2 学期 第 5 周

---

① Raffles Girls' School Sexuality Education Programme[EB/OL].(2019-02-20)[2020-10-25]. https://www.rgs.edu.sg/holistic-education/student-development/sexuality-education.

单元	课程/持续时间	课程目标	时间段
关于爱 （Lessons about Love）	2 60分钟	1. 评估公开场合表达感情的表现的可接受程度； 2. 认识到新媒体是如何塑造公众对公开表达感情的可接受性的看法的； 3. 明确新媒体在人们建立认真、严肃的恋爱关系中的优势和局限； 4. 认识到新媒体是如何对建立面对面的亲密关系产生积极和消极的影响的	第2学期 第6周
在十字路口 （At the Crossroad）	2 60分钟	1. 描述色情是什么，以及为什么人们会看到色情材料； 2. 评估色情内容对自己和他人的影响； 3. 认识到个体是可以通过做负责任的决定来控制自身的性欲； 4. 了解可以获得有关性的准确信息的恰当来源	第2学期 第7周

表5-11 莱佛士女子中学三年级的性教育课程①

单元	课程/持续时间	课程目标	时间段
关于爱 （Lessons about Love）	1 55分钟	约会和浪漫关系：（你准备好了吗？） 1. 评估一个人对浪漫关系的准备情况； 2. 认识到在一段亲密关系的背景下可能会发生的挑战； 3. 检查我们对情绪的反应是如何积极或消极地影响一段亲密关系的	第3学期 第2周
	1 55分钟	拒绝和破坏关系： 1. 识别关系破裂的原因； 2. 识别伴随着关系破裂的情绪； 3. 知道在一段亲密关系中应对拒绝以及分手的健康方法； 4. 认识到尊重和负责任地结束一段关系的必要性； 5. 知道在经历关系破裂时寻求支持的方法，并为那些正在经历同样事情的人提供支持	第3学期 第6周

① Raffles Girls' School Sexuality Education Programme [EB/OL]. (2019-02-20) [2020-10-25]. https://www.rgs.edu.sg/holistic-education/student-development/sexuality-education.

表 5–12　莱佛士女子中学四年级的性教育课程①

单元	课程/持续时间	课程目标	时间段
关于爱（Lessons about Love）	1 55 分钟	健康的婚姻： 1. 反思一段健康的浪漫关系的品质特征； 2. 评估一个人对浪漫关系以及步入婚姻的准备； 3. 认识到一段亲密关系不必局限于身体上的亲密，更重要的是精神层面； 4. 认识到承诺是一段婚姻成功的必要因素； 5. 明确一段婚姻中双方应该承担的责任及需要面对的挑战	第 2 学期 第 8 周
在十字路口（At the Crossroad）	2 55 分钟	性别角色与认同： 1. 知道并定义性别的角色是什么； 2. 了解家庭、文化和社会影响着个体对自身性别角色的看法； 3. 欣赏并肯定自己作为男性或女性的独特品质和特征； 4. 知道并定义性取向（异性恋和同性恋）是什么； 5. 无论性取向如何，都要认识到需要尊重他人	第 2 学期 第 9 周

2. 授权青年计划（eTeens）

表 5–13　莱佛士女子中学三年级 eTeens 计划的课程②

主题/课程	计划学习目标	时间段
指定的外部供应者的大众讲座	1. 认识不同的性传播感染和艾滋病毒、艾滋病； 2. 了解性传播感染和艾滋病毒的传播方式； 3. 懂得保护自己的方式，尤其是知道如何使用避孕套； 4. 知道性传播或感染艾滋病毒对自身及家庭的后果和影响	第 3 学期 第 3 周
基于课堂的课程	学习做负责任的决定，掌握一些谈判技巧，并合理地运用谈判技巧摆脱困境	第 3 学期 第 5 周

通过以上对莱佛士女子中学部性教育课程主题、课程目标和课程内容的展示，可以看出中学的性教育主要由两部分组成：成长岁月计划和授权青少年计划。成长岁月计划贯穿整个中学阶段，授权青少年计划则只针对中学三年级。中学性教

---

① Raffles Girls' School. Sexuality Education Programme［EB/OL］.（2019-02-20）［2020-10-25］. https://www.rgs.edu.sg/holistic-education/student-development/sexuality-education.

② Raffles Girls' School. Sexuality Education Programme［EB/OL］.（2019-02-20）［2020-10-25］. https://www.rgs.edu.sg/holistic-education/student-development/sexuality-education.

育主要有三个主题：真实的自我（The Real Self）、关于爱（Lessons about Love）和在十字路口（At the Crossroad）。"真实的自我"主题主要是帮助学生认识和了解自己的身体，知道个体对其身体的认知受到社会政治、文化环境的影响。"关于爱"主题是向学生传授社会大众媒体及新媒体在两性关系上产生的正面和反面影响；告知学生在一段亲密关系中可能会出现的挑战、问题和措施以及一段健康的恋爱关系和婚姻应有的特征。"在十字路口"主题不仅让学生了解到社会文化环境对个体性别角色看法的影响，更加明晰自身的性别角色定位，并接纳自身性别角色的独特特征，还让学生了解色情的概念、正当的性教育内容与色情内容的区别、色情内容对两性关系的消极影响等。

三个主题包含不同层次的内容，随着学生年龄的增长，选择的主题内容则不同。中学一、二年级学习三个主题，对三个主题的内容有所了解。三年级则以"关于爱"主题和授权青少年计划为主。四年级主要学习"关于爱"和"在十字路口"两个主题。三个主题名字虽然相同，但学习的单元内容会随着学生的身心发展特点和需求有所不同，逐步深入。授权青少年计划主要是由外部提供者组织的讲座和课堂教学两部分完成。主要向中学三年级的学生教授性传播病毒的类型和传播感染的方式、性传播感染对自身和家庭的影响、在一段亲密关系中保护自身安全的谈判技巧和方法等。教育部规定了每个年级、每个学期的课程时间、课程目标和课程内容，有助于性教育更好地落实。

（三）国家初级学院（National Junior College）

国家初级学院的性教育依然是通过学校课程以整体的形式提供，包含性教育内容的课程主要以成长岁月计划中的"爱情问题（第2版）"（Love Matters）的教学和学习资源包为主，辅之以科学和生物课程。"爱情问题"教学资源包的焦点在于向学生传达两性关系中的各种问题。由前文可知，新加坡性教育内容分为五个主题：人类发展，人际关系，性健康，性行为，文化、社会和法律。初级学院和高级中学的"成长岁月计划"所选用的教学和学习资源包的重点是人际关系，尤其是两性关系。

1. 成长岁月系列（GY）

国家初级学院和高中一年级以"真实的自我"和"关于爱"两个单元主题为教学重点（见表5-14）。"真实的自我"单元，在中学的基础上进一步帮助学生分析个体的自我认知对其行为的影响，了解媒体所提供的信息鱼龙混杂，一些信息具有强烈的性暗示，提高学生辨别与筛选媒体所提供的信息的能力。"关于爱"单元的主题焦点在"恋爱"与"禁欲"。意在帮助学生处理恋爱过程中双方可能会出现的问题和挑战，例如双方的价值观、性需求、期望等不同。着重让学生了解意外怀孕和堕胎对自己的身体及家庭所带来的后果和影响，某些学生甚至会感染上艾滋病病毒及其他的性病毒，向学生强调贞洁的珍贵和婚前禁欲的重要。

表 5-14 国家初级学院和高中一年级的性教育课程[①]

单元	课程/持续时间	课程目标	时间段
真实的自我（第3部分）(The Real Self)	1 60 分钟	1. 分析一个人的自我认知对其行为的影响； 2. 认识到媒体中的某些信息具有性暗示，并创造一个理想的模型或反映出某些刻板印象； 3. 评估导致青少年产生随意性行为的信息； 4. 认识到媒体倾向于不准确地反映人们培养和维持一段亲密关系所付出的努力	第 4 学期 第 1 周
关于爱（第6部分）(Lessons about Love)	2 60 分钟	1. 懂得爱是一种承诺，而不仅仅只是相互吸引的感觉； 2. 认识到平衡角色、自尊和相互尊重在人际关系健康发展过程中的重要性； 3. 认识到价值观、目标和期望的差异可能是导致双方关系产生冲突的挑战； 4. 了解冲突管理的不同方法，并在浪漫关系中获得有效的冲突管理技巧	第 4 学期 第 1 周
	2 60 分钟	1. 禁欲需要一个人发挥其自制力，因此要认识到禁欲的珍贵； 2. 同情但也要反思未婚夫妇面临的意外怀孕的困境； 3. 了解到一个人对堕胎的看法会受到其所受的宗教、文化和价值观的影响； 4. 认识到堕胎对自身及其家庭产生的严重影响； 5. 评估自身对性传播疾病、艾滋病毒及艾滋病的看法以及懂得尊重自己和尊重所有人的必要性； 6. 认识到人类倾向于低估自己的脆弱	第 4 学期 第 2 周

高中二年级的性教育以"关于爱"中的"婚姻"为教学重点（见表 5-15），让学生认识到婚姻是一生的承诺，不可亵渎婚姻。婚姻就如其他亲密关系一

---

① National Junior College. Sexuality education（JC）[EB/OL].（2019-04-05）[2020-10-25]. https://nationaljc.moe.edu.sg/ sexuality-education-jc/.

般，也会出现各种问题和挑战，但不可随意解除婚姻，父母感情不好或者随意离婚都会给自身和孩子的心理带来不可预估的影响。因此，该阶段教师主要培养学生的婚姻和家庭的观念，培养学生经营一段亲密关系或婚姻关系的良好品质。

表 5-15　国家初级学院和高中二年级的性教育课程①

单元	课程/持续时间	课程目标	时间段
关于爱（第7部分）（Lessons about Love）	4 60分钟	1. 识别不健康亲密关系的迹象以及关系崩溃的早期迹象； 2. 尽管经历了一次分手，但人们可以表现得更坚强； 3. 探索关于婚姻的信仰； 4. 了解对经历父母分居或离婚的孩子可能产生的心理影响； 5. 认识到为家庭关系提供家庭支持的重要性； 6. 开始培养人们在选择生活伴侣中所考虑的持久性格特征和品质； 7. 认识到婚姻是一生的承诺，婚姻会像任何亲密关系一样，都可能会遇到挑战	第4学期 第1周
	5 60分钟	1. 认识到个人决定如何在公共场合展示自己的情感会影响他人； 2. 辨别新媒体对建立关系的影响	第4学期 第1周
普通学术课程	6 60分钟	这将是学生最终的形成性评估任务，以巩固他们从以前的课程中学到的知识	第4学期 第2周

（四）授权青少年计划（eTeens）

授权青少年计划的内容与中学的内容基本一致（见表5-16），旨在帮助学生了解艾滋病及其他性病毒传播、感染的方式，认识到堕胎和性病毒感染对自身及家人带来的严重后果和影响，提高学生的自我保护意识和能力。

---

① National Junior College. Sexuality education（JC）[EB/OL]．（2019-04-05）[2020-10-25]. https://nationaljc.moe.edu.sg/ sexuality-education-jc/.

表 5–16　国家初级学院 eTeens 计划的课程①

主题/课程	课程目标	时间段
健康促进委员会指定的外部指导者的大众讲座	1. 了解不同的性传播感染、艾滋病或艾滋病毒； 2. 认识不同的性传播病毒的传播方式； 3. 懂得保护自己身体的方式，特别是避孕套的使用； 4. 认识到性传播或感染艾滋病毒的后果和影响	第 4 学期 第 3 周

总而言之，新加坡初级学院和高中阶段的性教育更倾向于培养学生正确的性道德观、性价值观和良好的性态度，使学生认识到贞洁的重要性和婚前禁欲的珍贵，远离意外怀孕和堕胎，远离艾滋病毒等性病毒的感染。

本节以新加坡的白沙小学、莱佛士女子学校的中学部、国家初级学院三所学校的性教育为例，展示了新加坡性教育计划在中小学校的具体实施情况。从以上的表格和分析中可以看出，新加坡教育部为了更好地落实本国的性教育计划，不仅制定了具体详细的性教育课程标准，规定了各中小学的性教育目标、性教育内容和课时安排，还根据学生不同年龄阶段的身心发展特点和需求，编写了富有层次的性教育教学资源包，环环相扣，层层递进。从教授学生具体、科学的性生理知识、情绪知识和心理知识到培养学生正确的性道德观和性价值观，从而实现本国学生性生理、性情绪、性心理及性价值观的多重升级。

---

① National Junior College. Sexuality education（JC）[EB/OL].（2019-04-05）[2020-10-25]. https://nationaljc.moe.edu.sg/sexuality-education-jc/.

第6章

中国–新加坡性教育的特征和效果比较

本章在前面研究的基础上,对中国和新加坡性教育的特征与效果进行归纳和总结。由于资料所限,新加坡性教育效果的一手数据无法收集到,故新加坡部分只论述其特征。

■ 第一节 中国性教育的特征和效果

一、中国性教育的特点

作为影响未来人口素质的重要因素,青少年性健康状况已在世界范围内引起广泛关注。自改革开放以来,我国教育部门、计划生育部门、医疗卫生部门、心理学界甚至一些民间团体和志愿者们都在关注青少年性教育,一些地方出版了一些具有现代观念的教材、期刊和科普读物,把性教育搬进了中小学课堂。与美国相比,中国有低得多的少女怀孕率和性病、艾滋病感染率。虽然我国青少年性教育工作取得了一定成绩,但基于保守的思想文化环境,仍然让中国性教育的发展之路布满荆棘,中国性教育仍处于发展的初级阶段。对中国性教育的发展进行历史梳理,发现针对"性教育"我国仍存在着"性教育观念存在偏差""性教育的内容片面化,师资队伍力量薄弱""性教育知识获取渠道受限"等问题。

（一）性教育观念存在偏差

现今家庭、学校、社会的性教育观念是存在着很大的偏差的。家庭、学校、社会三者共同对孩子的成长发展起作用。但是，来自三者错误的性教育观念对孩子则会产生负面影响。这些观念上的误区在于[①]：家长和学校担心过早的性教育会引起孩子不良的心理状态，让孩子过早地性成熟；家长担心性教育会让孩子产生过早的性行为，且认为"性"是人的本能，与生俱来，随着人年龄的增长，自然就会遇到结婚生子的事情，无须再进行教育；学校认为家庭才是性教育的主要场所，性教育的主要责任方在于家长。在中学的许多生理卫生课上，许多老师在讲到涉及性知识的有关章节都用"这些不重要，就不讲了，你们回去看看自学好了"等话语搪塞了之。而社会大众也普遍认为性教育就只是生理卫生知识等，也有部分群众认为对青少年进行性教育会诱发并刺激他们的性欲，难以启齿的性教育语言和文字可能猥亵少年的心灵，更易造成青少年出现性问题甚至是性罪错。

但是，如果没有父母和老师的指导和说明，孩子们真的能理解"性"是什么，能无师自通吗？根据中国有关性教育的调查，小学生和中学生的性知识的主要来源是同学间的交流，或者是朋友间的交流。但是，一些性方面的知识可以从老师和父母那里得到。作为科学知识的一种，性知识只被人类拥有。科学的性知识和道德可以引导人们正确理解自己发展的规律，促进生理和精神健康的发展。因此，性方面的知识必须通过学习来获取。实际上，科学性教育是青春期性生理学、性心理学、性道德和性法律的系统教育，它不仅不会刺激青少年的性欲，相反，大部分青少年在科学、系统性知识的指导下将会健康成长，减少性犯罪的问题，防止性疾病的蔓延，这和纯粹的性刺激本质上不同。

（二）性教育的内容片面化，师资队伍力量薄弱

随着青春期的到来，青少年的生理发育必然会引起身体和心理的种种变化，继而也会带来性道德伦理观念上、性行为上的诸多问题。目前，我国虽已有许多学校开设了形式多样的性教育课，但由于缺少统一的性教育大纲、

---

① 王燕. 幼儿园性教育现状及对策研究 [D]. 武汉：华中师范大学，2015：24.

统一的性教育教材，性教育的内容往往渗透在生物、心理健康、体育和思想品德等课程当中，或者仅限于性生理知识的传授，对性心理、性道德和性法律等涉猎较少，性教育内容肤浅、简单。另外，学校对于性教育课程重视不足，常常由于升学的压力挤占性教育课的课时，与家长和社会的交流与协作也比较缺乏。

在观念上，仍有不少人包括学校教师认为，性教育应当仅仅局限于性生理知识甚至是性器官的简单讲解，或进行有针对性的个别心理辅导，从而忽视性教育的整体性、系统性，这种做法本质上是同"封闭保险"论如出一辙的，它容易导致对性教育内容的简单处理，同时也是观念不彻底解放的产物和表现。

总的来看，我国性教育的内容仍然多停留在单纯的生理卫生知识方面，对于性道德、性伦理、性法律、性心理方面的知识容易忽略。完整的性教育内容不仅包括性生理知识，更应当包括性心理、性道德、性法律的教育。正如我国性教育学家阮芳赋教授所说："就像普通教育有德、智、体、美几个方面一样，性教育也可以分为德、智、体、美几个方面。"[①]

另一方面，虽然目前我国的性教育工作者也在不断地进行性教育书籍的编写和修改工作，尽力为学校和家庭开展性教育工作提供一个统一的标准，但由于我国性教育起步较晚，各个地区、学校性教育专用书籍仍然不能够统一，更多的只是用《生理卫生》等诸如此类的相关教科书籍代替，性知识只是其中一个章节，内容非常简单，青少年并不能从中获得所需要的系统的性知识，这就给有关性方面的色情信息带来可乘之机，引发负面影响。

除以上这些问题外，还有一个问题就是专业的师资队伍力量薄弱。性教育师资严重缺乏，受过培训的性教育教师较少，大多数教师为临时兼职，有的在观念知识上可能误导学生。在我国，学校里开展性教育教学活动的老师很多都是班主任、医务室的医生或者其他老师，缺少专门化的性教育教学培训，难以得到专业发展[②]。由于性教育教师队伍的专业水平不高，性教育课程的教学方法相对比较单一，通常是老师讲，学生听或者看录像，甚至老师不讲，让学生自习，课堂讨论非常少见。

---

① 高中建. 当代青少年问题与对策研究 [M]. 北京：中央编译出版社，2008：142.
② 孙纪玲. 我国儿童性教育存在的问题与策略探究 [J]. 现代教育科学，2011（2）：47-48.

(三)性教育知识获取渠道受限

性教育的主渠道一般有 3 种:家庭教育、学校教育和社会教育。学校和家庭在青少年的性教育方面不作为,只能导致他们把教育机会拱手相让。

由于受传统观念禁锢,青少年对性知识的追求是胆怯而隐秘的,他们很难从家长和老师那里获得系统、科学的性知识,不得不从其他渠道获取。有关资料显示,一所学校对学生进行的随机抽样表明,他们性知识的来源和途径来自"书报杂志、影视作品、电脑网络"的占 80%以上,"别人的谈论"占 11%,从老师处获取的占 3%,听父母讲的却寥寥无几。

《深圳市中小学性健康教育研究》对近 3 000 名学生、700 名家长的调查显示,学生获取性知识的主要途径依次为通俗杂志、影视作品、网络、学校性教育课程、同学间交流以及其他非正规方式。学者杨雄对北上广青少年性健康的最新调查结果也显示,"青少年获取性知识的最主要来源是朋友和同学,占总体比例的 26.1%;通过学校课程获取性知识的青少年比例为 9.5%,从父母那儿获取性知识的青少年比例为 14.9%"[①]。从朋辈关系获取的性知识正确性难以保证,市面上正规且权威的性教育读物数量少,质量难以保证。网络平台传播的性知识正确率难以把握,容易误导青少年。

中国医学科学院名誉院长吴阶平教授一再强调:要认真搞好性教育,特别是以性教育为基础的青少年青春期教育,应该摒弃那种性属本能、无师自通的错误认识,不仅要打破历史上久已存在的性禁锢、性神秘,而且要指明性解放、性放纵对个人和社会所造成的危害。近几年黄毒的泛滥,根本原因之一就在于性教育在中国仍然未得到普及和健康发展。中国性教育已经不应再是一个"应不应该"的问题了,而是一个如何搞好的问题。在性教育这块阵地,正确的思想和知识不去占领,那么淫秽的思想就会去占领。

二、中国性教育的效果

关于性教育的效果,按照国际通用的标准从公众对性教育的态度、未婚少女怀孕率、堕胎率、生子率、青少年性病患病率、婚前性行为发生情况等方面进行

---

① 杨雄. 北上广青少年性健康最新调查[EB/OL].(2018-07-12)[2020-10-30]. http://www.jyb.cn/zgjyb/201807/t20180712_1149019.html.

评估。

（一）公众对性教育的态度比较

总体而言，公众对性教育的态度是从否定到肯定，在进步中成长。

① 2008 年中大社会工作学系所做的市民对中小学推行性教育的态度调查。香港中文大学（中大）社会工作学系委托香港亚太研究所在 2007 年 11 月进行了一项电话调查，探究大众对性教育的态度，成功访问了 821 名受访者，调查结果显示：超过八成受访者支持学校提供性教育，另有两成受访者倾向不同意学校提供性教育给儿童及青少年，认为学校推行性教育会令中、小学生提早进行性行为[①]。

② 2010 年《中国青年报》对青少年进行的性教育调查。《中国青年报》近日对 3 032 名青少年进行的一项调查发现，大多数青少年了解性的主要渠道是同龄人和互联网，学校和父母则成为最不重要的性信息来源，"大多数父母觉得很难开口跟孩子谈性"[②]。

③ 2017 年北京师范大学儿童性教育课题组历时 9 年完成的心血之作《珍爱生命——小学生性健康教育读本》由于家长质疑"部分言辞、图画过于直白"投诉，校方被迫"下架"[③]。

④ 2018 年李银河接受采访时认为，关于"性"的态度大众观点从否定到肯定，"进步还是挺大的"，她说"青少年性教育目前仍处于艰难的起步阶段"[④]。

⑤ 2019 年"女童保护"全国两会代表委员会座谈会在北京举行，多位全国人大代表、全国政协委员、业界专家等不约而同把目光聚焦到青少年儿童性教育问题上。国务院妇儿工委办公室宋文珍提出："性意识应从小培养，对孩子来讲，

---

① 中大社会工作学系意见调查：市民对中小学推行性教育的态度［R/OL］.［2020 – 10 – 30］. https://cpr.cuhk.edu.hk/sc/press_detail.php?id=618&t=%E4%B8%AD%E5%A4%A7%E7%A4%BE%E4%BC%9A%E5%B7%A5%E4%BD%9C%E5%AD%A6%E7%B3%BB%E6%84%8F%E8%A7%81%E8%B0%83%E6%9F%A5 – %E5%B8%82%E6%B0%91%E5%AF%B9%E4%B8%AD%E5%B0%8F%E5%AD%A6%E6%8E%A8%E8%A1%8C%E6%80%A7%E6%95%99%E8%82%B2%E7%9A%84%E6%80%81%E5%BA%A6

② Charissa Yong. 中国政府决心改善性教育［N/OL］. 管锥，译. 中国青年报，2010 – 08 – 17［2020 – 10 – 30］. http://article.cyol.com/qnck/content/2010 – 08/17/content_3379417.htm.

③ 今天我们如何自然地跟孩子说性［EB/OL］.（2017 – 03 – 15）［2020 – 10 – 30］. http://health.cnr.cn/jkgdxw/20170315/t20170315_523659227.shtml.

④ 任思雨. 对话李银河：为何坚持谈"性"？如何看待家暴？［EB/OL］.（2018 – 11 – 28）［2020 – 10 – 30］. http://www.chinanews.com/cul/2018/11 – 28/8687097.shtml.

性教育不是看一本书、听一次讲座、看一次视频就结束了，应贯穿于学校的各个阶段，根据孩子的生理年龄特点，做好各个年龄层的衔接。"

⑥ 2020 年两会期间，全国政协委员、首都医科大学神经外科首席专家凌峰提出："重视儿童性教育、将儿童防性侵纳入义务教育课。"

（二）未婚少女怀孕率、堕胎率、生子率

调查表明，中国少女怀孕率、流产率比例较大，未婚少女缺乏必要的自我保护意识。

① 2008 年香港《文汇报》一篇文章曾指出，全港 16 支地区青少年外展社会工作队及香港社会服务联会曾于 2007 年 9 月至 2008 年 1 月期间，对 1 200 名街头青少年进行调查，受访者年龄介于 11～18 岁，其中学生所占比例为 60%。调查发现，63.4% 的受访者有过性经验，调查中还发现有 70 名女生曾意外怀孕，其中 34.3% 更是重复怀孕[①]。

② 在调查之前 1～2 年里做过人工流产的女性，从 2000 年到 2015 年一直占到 10% 左右。如果换算为绝对人数，那么每年做过人流的中国女性就是一个巨大的数字，远远超过大多数国家的总人口。人们都知道，越年轻的女性，做人流的可能性就越大。可是在最近短短的 5 年当中，在 18～29 岁的中国女性当中，做过人流的比例出现了成倍的增加[②]。

③ 2013 年发布的《中国与其他各国性教育状况对比》调查显示，中国每年人流约 1 300 万例，位列全球第一。其中未成年人比例达 50%，六成少女不知道人流会造成子宫穿孔、月经不调、盆腔感染和不孕症等严重后果[③]。

④ 2016 年的《大学生性与生殖健康现状调查报告》在中国计生协会的调查中显示，在本次调查对象中大概有 300 多人报告自身或者是伴侣曾经有过人工流产的经历。这个数据占有过性行为的调查对象的 9.9%。其中有过重复的人工流产的经历也占 1/4，也有 7.8% 是曾经经历过 3 次以上的人工流产[④]。

---

① 张咏. 中国青年报：香港少女早孕现象激增［N］. 中国青年报，2010-11-26.
② 潘绥铭. 给"全性"留下历史证据［M］. 香港：1908 有限公司，2017：92.
③ 今天我们如何自然地跟孩子说性［EB/OL］.（2017-03-15）［2020-11-05］. http://health.cnr.cn/jkgdxw/20170315/t20170315_523659227.shtml.
④ 调查显示：20.3% 大学生在校发生过性行为 男生比例高于女生［EB/OL］.（2016-09-26）［2020-11-05］. http://china.cnr.cn/ygxw/20160926/t20160926_523160991.shtml.

（三）青少年性病患病率

从数据中表明：我国青少年性安全意识淡薄，没有树立正确的性价值观。

① 广东省人口和计划生育委员会发布的《2010 年广东省大学生性与生殖健康研究报告》也显示，大学生在各种性行为中，每次都使用安全套的比例仅为 34.3%。而不安全的性行为存在很多健康隐患，受访的大学生中竟有 16.96% 的人曾患生殖类疾病，甚至有个别被确诊为艾滋病①。

② 性传播疾病患者呈现出了低龄化的现象，而且青少年所占比例渐升，根据河北省卫计委公布的数据，2015 年青少年学生艾滋病感染率增幅高达 51.4%，大多是男孩子，全国有 20 多个省份报告最小的艾滋病感染者仅 14 岁。现阶段大学生正处于性行为活跃期，易成为艾滋病及其他一些性传播疾病感染的危险人群，2011—2015 年我国学生艾滋病患者中有 65% 是在 18～24 岁上大学期间感染的。2015 年我国性病艾滋病预防控制中心发布艾滋病相关数据，数据显示，全国艾滋病目前整体保持一个低流行态势，引人注意的一个问题是，2015 年报告的 9.7 万病例中，由性接触传播途径传播的占 94%，青少年学生感染者的平均涨幅上升到 50% 左右。

③ 截至 2018 年 6 月 30 日，我国共发现 820 756 名艾滋病病毒感染者和艾滋病人（HIV/AIDS），与 2017 年同期相比增长了 14%。报告病例中职业为学生的感染者数量上升速度快，24 岁以下的在校大学生感染者数量递增率为全国平均递增速度的两倍②。

④ 北京大学马军教授及其团队就在分析传染病对我国青少年健康的影响时发现，在 2008 年到 2019 年这十多年时间里，国内法定传染病对青少年健康的威胁已经被控制，而在因为传染病致死的青少年病例中，艾滋病的人数占比最大，尤其是男性，比例更加突出。传染病主要的死亡原因是艾滋病，特别是在男性中。已有 3 000 多名青少年因为艾滋病死亡③。

---

① 周易，向楠. 人流低龄化：迷惘青春之痛 [N]. 中国青年报，2015 – 01 – 26.
② 首届中国性学家大会召开，"性福中国"正式启动 [EB/OL]. （2018 – 12 – 18）[2020 – 11 – 15]. http://www.jkb.com.cn/yzyd/ 2018/1218/445245.html.
③ 北大最新研究：中国青少年艾滋病感染增加，已成为传染病主要死因 [EB/OL]. （2020 – 04 – 10）[2020 – 11 – 15]. https://www.sohu.com/a/386693699-120477294.

（四）婚前性行为发生情况

我国青少年对婚前性行为持比较宽容态度，而且男生性行为比例高于女生。

① 2010 年《中国青少年生殖健康调查报告》数据展示了 2009 年全国 1.64 亿 15~24 岁未婚青少年性与生殖健康服务利用和可及性状况。我国未婚青少年中，约有 60%对婚前性行为持比较宽容的态度，22.4%曾有性行为。广东省一项调查显示，48%的大学生赞成"恋人间发生婚前性行为"①。

② 2013 年发布的《中国与其他各国性教育状况对比》调查显示，我国每年约有 2 200 万青少年进入性成熟期，在 18~24 岁人群中，48%发生过性行为②。

③ 2016 年中国计生协《大学生性与生殖健康现状调查报告》的调查显示，有 20.3%的被调查的大学生曾经在校发生过性行为。已经发生过性行为的调查对象当中 45.6%在 11~18 岁发生第一次性行为。男性发生性行为的比例显著高于女性，是女性的两倍。大学一年级的学生发生过性行为的占全部被调查大学一年级新生的 15%。但是在大四的学生当中，这一比例就显著提高到了 43%③。

④ 2017 年《中国儿童青少年健康状况白皮书》发布，在中国 4.5 亿儿童青少年当中，累计超过 20%存在性早熟、性发育延迟、性功能失调或低下、生育能力下降等问题。在"中国儿童青少年健康状况社会深度调查"中，84.09%的家长选择了关心和特别关心，但是每半年到 1 年在专业医院做 1 次身心健康体检者仅占 23.57%；在医院监测性发育的仅占 14.63%；不知道男孩睾丸发育大小的家长占 69.81%；不知道女孩是否乳房发育的家长占 29.59%；不知道孩子是否有性行为问题的占 54.42%。在"大学生性与生殖健康调查报告"中，20.3%的调查对象曾发生过性行为。已发生过性行为的调查对象中，45.6%在 11~18 岁之间发生第一次性行为。报告还显示，近 8 成的大学生接受婚前性行为；在有过性行为的人群中，11%曾有过怀孕经历。在此份报告中，56%的调查对象表示曾接受"学校开设的青春期教育、生殖健康教育或性教育相关的课程"，34%表示未接受过学校的相关

---

① 周易．向楠．中国青年报：人流低龄化：迷惘青春之痛［N］中国青年报，2015 – 01 – 26．
② 任思雨．对话李银河：为何坚持谈"性"？如何看待家暴？［EB/OL］．（2018 – 11 – 28）［2020 – 11 – 15］．http://www.chinanews.com/cul/2018/11 – 28/8687097.shtml
③ 调查显示：20.3%大学生在校发生过性行为男生比例高于女生［EB/OL］．（2016 – 09 – 26）［2020 – 11 – 15］．http://china.cnr.cn/ygxw/ 20160926/t20160926_523160991.shtml

教育，10%则表示"不清楚"。

⑤ 2018 年伍丽燕在《中国卫生产业》中对女大学生婚前性行为与生殖道感染情况的关联性进行了调查。作者运用自填式调查表对校内 2016 级和 2017 级 2 047 名临床医学及护理学女学生展开匿名和自愿形式调研。发放 2 047 份调查表，收回 1 927 份有效调查表。调查结果显示 18.68%女生有过婚前性行为，2.39%有过经期性行为，59.68%有过生殖道感染，发生过婚前性行为的女生患两次以上生殖道感染的为 82.50%，没发生过性行为的女生患两次以上生殖道感染的为 21.90%。结论：发生过婚前性行为女生生殖道感染率要高于无性行为女生[①]。

⑥《2019 年中国年轻人性现状报告》显示，在调研的 9 889 位 18～34 岁年轻人中，有 18.7%的年轻人从未有过性生活，37.3%的人性生活间隔一周以上，44%的年轻人每周都可以拥有性生活。

■ 第二节　新加坡性教育的特征

新加坡性教育计划的从无到有是新加坡在性教育上的勇敢尝试和探索。该计划的制订和实施，以解决本国青少年怀孕率居高不下和性病毒传播感染问题为出发点，以培养青少年健康的性道德观和性价值观为目标，为本国中小学的性教育发展规定了道路、指明了方向。自 2000 年把"艾滋病毒等性病毒感染、未成年怀孕及其防范措施"加入性教育课程以来，在 2007 年到 2014 年间，新加坡 10～19 岁青少年感染性病毒的案例由 800 多例降至 400 多例；19 岁以下的女性诞下的婴儿数量由 820 人降至 406 人；20 岁以下女性的堕胎手术数量也由 1 363 台降至 449 台。由此可见，新加坡性教育课程实施的效果是很不错的[②]。总体来说，在新加坡性教育计划的形成和发展过程中，政府、学校、家庭和社会等不同主体各司其职，发挥了重要的作用，保证了新加坡中小学性教育的实效性。

---

① 伍丽燕，李小梅，苏丽嫚，刘霞. 1927 名女大学生婚前性行为及生殖道感染情况调查分析[J]. 中国卫生产业，2018，15（19）：178－179.

② Legislative council secretariat.information note sexuality education［EB/OL］.（2018－01－09）[2020－11－15]. https://www.legco.gov.hk/research－publications/english/1718in03－sexuality－education－20180109－e.pdf.

一、推崇婚前禁欲的性教育模式

新加坡教育部制订的性教育计划代表了全国大众对中小学性教育的根本观点和普遍看法。教育部强调该计划的制订是建立在全国各专家、心理学家、医生、治疗师、家长、社区代表和学生充分讨论的基础上，旨在对青少年实施更全面、更先进、更科学的性教育计划。

新加坡的性教育计划以婚前禁欲为根基，认为"婚前禁欲是青少年最佳的行为方式"。为了减少青少年的怀孕率和艾滋病等性病毒感染率，新加坡性教育计划着重培养学生"婚前性行为是不可取的，随意产生性行为对自身和家庭带来严重的伤害"的理念，旨在让学生杜绝婚前性行为、婚外性行为，明白这两种性行为对个体身心的危害，进而让学生认识到杜绝婚前性行为是预防产生婚外孕、艾滋病等性病毒感染及其他健康问题的唯一方法。因此，在该计划下，学生可学到在面对同伴的性要求和性压力时，如何勇敢地表达自己，拒绝同伴的性行为要求，做出正确的决定，建立负责任的两性关系。自2000年把"艾滋病毒等性病毒感染、未成年怀孕及其防范措施"加入性教育计划以来，在2007年到2014年间，新加坡10~19岁青少年感染性病毒的案例由800多例降至400多例；19岁以下的女性诞下的婴儿数量由820人降至406人；20岁以下女性的堕胎手术数量也由1 363台降至449台。由此可见，新加坡性教育计划实施的效果是很可观的①。

二、确定三方参与的性教育指导方针

新加坡教育部制定了专门针对中小学生性教育的三角结构框架，规定了学校、家庭和社会的职责，明确了各组成部分的任务，将性教育计划作为一项系统的工程来建设。在对性教育计划的实施过程中做到了以下两个结合：学校性教育做到全面性与阶段性相结合；学校性教育与家庭和社会性教育性结合，在制订性教育计划时充分尊重国家不同民族、宗教对性的不同信仰。政府不仅制定性教育指导方针、培养师资、组织专职人员监督与管理性教育计划的实施情况，还组织各领域权威的专家、学者、教师制定课程标准、编写授课教材和教授内容。除了政府通过制定法律法规强制性教育计划实施之外，性教育计划实施的三方主体还通过

---

① Information note sexuality education ［EB/OL］.（2018–01–09）［2020–11–15］. https://www.legco.gov.hk/research-publications/english/1718in03-sexuality-education-20180109-e.pdf.

以下几种方式推动性教育发展：

第一，新加坡学校性教育是通过架构科学、完整的性教育计划，设置适合不同年龄阶段学生身心发展特点的性教育目标和性教育课程资源等方式协调推进的。学校性教育的实施是以庞大的制度网络来保证其开设的可行性，一些社会组织和研究机构通过讲座、研讨会和课堂教学的方式来提供一些新颖的性教育资源，补充学校的性教育内容。

第二，在新加坡，家庭是社会构成的基本组成单位。新加坡高度重视家庭在社会中的地位和作用，不仅将家长纳入性教育计划中，由家长来决定孩子是否接受学校性教育计划，同时，教育部还专门针对家长编写了性教育读物，提高了家长自身的性教育观念，也帮助家长更好地与孩子进行性话题的沟通与交流。通过对父母的性教育观念和沟通方式来潜移默化地教育孩子，从而达到性教育的最终目的。

第三，社会性教育是通过教育部严格的审查并决定以外部供应者的身份为学校性教育计划补充资源的方式进行的。社会组织作为外部供应者的身份，为学校性教育计划提供额外的资源。性教育课程可以帮助学生在较短的时间内获取较为丰富和系统的性知识和性信息，社会组织对学生进行以讲座和研讨会为主要方式的性教育，一方面，可以将国家和社会的主流价值观以及学生在课堂上学到的性知识在探讨中更好地内化；另一方面，社会组织为学校性教育补充了丰富、专业、科学的性教育资源，弥补了学校性教育的不足。

三、依托学校的课程标准、教材和师资

首先，新加坡教育部为中小学制定了详细的性教育课程标准。从本校、本学年的性教育计划中可以一目了然地看到某一学习阶段的学生在某一学期、某一周的课程标准，详细地规定了本周的学习主题、课程目标以及课时安排。从课程标准中可以针对本周的性教育主题对学生进行前后测的实验，以确保学生真正掌握了本周的学习内容，真正地达到了教育目标。

其次，新加坡性教育计划是由成长岁月计划和授权青少年计划组成。成长岁月计划根据不同的学习阶段编写了富有层次的多媒体教材。小学高年级阶段采用的教材是《好奇心灵（第2版）》；中学低年级阶段采用的教材是《青少年时期（第2版）》；中学高年级阶段采用的教材是《理智与性行为（第2版）》；大学预科阶

段采用的教材是《爱情问题（第2版）》。从"好奇心灵"到"爱情问题"是从青少年身体结构逐步推进到青春期的生理、心理和情绪变化，进而发展到两性关系，循序渐进地促使学生形成健康、负责任的性道德观和性价值观。

最后，新加坡教育部规定从事性教育的教师必须由专业的性教育教师担任。这部分教师必须是由学校专门挑选，并经过教育部的专业培训。专业的性教育教师是新加坡性教育计划得以实施的必要条件。

四、突出政府对性教育的监督与管理

注重对学校性教育课程的检查和监督，加强社会组织和机构性教育活动的管理和问责，是新加坡性教育的一项重要举措。

首先，校方不仅要在各自的网站上发布学校性教育的宗旨和性教育计划的内容，同时，还要发布社会组织机构提供的性教育课程内容，以供家长查阅和社会监督。其次，教育部与健康促进委员会成立包括心理学家、教育学家与医疗人员等组成的专门委员会，对学校的性教育课程内容和方法定期进行检查，社区与家长辅助学校咨询委员会也定期检查教材和教学效果，检查后给予及时的反馈，并督促校方进行整改。再次，对社会组织机构的资质以及性教育的内容，教育部教育项目司专设的委员会要进行严格的审查和批准，以确保他们给学生提供的讲座与课程符合教育部的性教育框架与价值观。获批准的机构也必须与教育部签署协议，承诺在进行性教育时完全遵守教育部的规定和要求。最后，教育部也要派专人定期检查这些机构在学校所办的课程和讲座，例如，派人到场旁听、向学生和教师了解情况等。这种对学校以及校外机构的性教育课程的检查、监督和管理制度，保证了学校性教育正确的价值导向，促使性教育内容和方法不断改革更新，大大提高了性教育的针对性和实效性，促进了学校性教育的发展和完善。

余 论

为了切实地提高性教育的质量，新加坡教育部在性教育方面做出了长久的努力，在收集了专家、心理治疗师、医生、教师、家长、学生等多方意见后，通过多年的探索出台了全面性教育框架和专门的性教育计划。通过对全国性教育体系结构的优化、学校性教育课程的设计以及性教育教师条件的规定，新加坡性教育得到了迅速发展，形成了一个较为成熟的系统，并取得了不错的教育效果。新加坡与我国同属亚洲国家，具有相似的文化环境，且两国的教育体制均属国家推动和政府主导下的教育体制，对比两国性教育的发展，从中既可以看到我国性教育的不足，同时也可以学习借鉴新加坡性教育的经验。

（一）中国性教育的反思

通过对我国 1988 年至今的性教育发展历程分析发现，长期以来我国并没有独立的性教育。我国的性教育包含于健康教育与道德教育之中，未得到充分的重视，这也使得我国性教育近几十年来发展缓慢。然而，任何人首先是以性属的方式存在的，如何处理自我与肉体的关系、如何处理两性的关系是关乎人一生是否幸福的重要内容。为了促进性教育工作的进一步发展，我们必须改变性教育在目前课程中的边缘地位，使性教育更加落到实处，更好地服务于青少年健康成长与进一步的发展。为此，我们提出如下建议：

1. 树立正确的性教育观念

自中华人民共和国成立以来，我国一直将性教育类属于道德教育[①]。新一轮的

---

① 陈静. 1978—2014 年中国性教育政策分析 [J]. 青年探索，2015（6）：70-7.

课程改革,也没有将性教育提上日程。在我国相关政策法规文件具体内容中,也较少直言"性教育",而多以"卫生教育""青春期教育""健康教育""人口和计划生育教育""艾滋病、毒品预防教育""公共安全教育"等代名词代指"性教育"。以这些代名词指代性教育在某种程度上的确使性教育更为具体和直观,也更便于落实。但这些代名词都只是性教育内容之一部分,并不能涵盖性教育的全部。折射出的实则是从上到下依然没有树立起一个正确的性教育观念。因此,要想真正普及和发展性教育,观念的转变是重要的一步。不仅是政府部门的相关管理人员,家长和教师也要主动去了解真正的性教育,用科学的态度解除自己对性教育的误解,消除对性的迷思和恐惧,要真正明白性教育开展的意义,积极地去掌握和学习性教育相关内容。

2. 加强专业性教育教师培养

专业教师的缺乏、学校课程体系的饱和及教育行政部门工作的缺位使得我国的学校性教育师资严重不足。综合已有的研究可以发现,我国目前学校性教育师资的现状堪忧,师资问题可大致总结为以下几点:

① 青春期性教育的师资队伍以兼职老师为主,由于专业知识不充分和观念的束缚,致使教育内容落实不到位,以至于性教育开展得不够透明[1]。

② 高校性心理健康教育的师资队伍数量不能满足性心理健康教育的客观需求,高校中专业高素质的性心理健康教育师资短缺。

③ 高中大多由生物老师或者心理咨询老师负责而非受过性教育专业训练的老师负责性教育课程,这表明高中性教育师资严重缺乏。

④ 学校缺少性教育的师资、教材和一定量的课时数。很多学校仍以应试教育的思维方式搞教育,从而忽视对学生开展性教育[2]。

综上,我国目前学校性教育师资短缺,缺少高素质的、专业化的学校性教育老师。据教育部相关数据显示,我国未来性教育教师的缺口达 50 万名,而每年我们能够培养的性教育教师数量却极其有限[3]。面对众多学校对专业性教育课程的需求,目前的性教育师资无法满足。

---

[1] 曾燕波. 青春期性教育问题与探讨 [J]. 当代青年研究, 2016(2): 100-104.

[2] 吴波. 英国威尔士小学性教育教材的设计经验对中国小学性教育的启发 [J] 中国性科学, 2018(7): 145-148.

[3] 董海龙. 当前学校性教育的主要问题及对策研究 [J]. 安徽文学(下半月), 2016(2): 137-139, 146.

为此，教育部门要重视对学校性教育教师的培训和继续教育，在高校，尤其是"在师范院校开设性教育专业"[①]，培养具备高素质的性教育专业教师。相关部门和社会要加强对性教育讲师这一职业的重视，鼓励更多性教育工作者接受专业化的培训。

3. 丰富与完善性教育内容

拓展性教育的内容，要紧密结合现实情况，了解受教育学生身心发展规律及状况，将性道德、性伦理、性法律、性心理健康与生理卫生知识结合起来。

针对这几年来性教育出现的一些问题，教育部进行了相关政策的修订与改进。其中很重要的一点是要求学校性教育课程设置和内容安排按学段划分。此前在学校内开展的性教育教学还没有独立开辟出一门性教育课程，取而代之的是将性教育涵盖于健康教育或德育课程之内。同时，教师能根据不同学段学生的身心发展规律，在政策文件的指导下，选择所要讲授的性教育内容。

在2001年，教育部颁发的《义务教育课程设置实验方案》中要求各门课程均应结合本学科特点，有机地进行思想道德教育。环境、健康、国防、安全等教育应渗透在相应课程中进行[②]。

在2007年，教育部颁布的《中小学公共安全教育指导纲要》中，要求小学4～6年级的教育内容重点之一包括"初步了解青春期发育基础知识，形成明确的性别意识和自我保护意识"。

初中年级的教育内容重点之一包括"了解青春期常见问题的预防与处理；形成维护生殖健康的责任感"。

高中年级的教育内容重点之一包括"掌握预防艾滋病的基本知识和措施，正确对待艾滋病毒感染者和患者。自觉抵制不良生活习惯和行为，具备洁身自好的意识和良好的卫生公德。学习健康的异性交往方式，学会用恰当的方法保护自己，预防性侵害。当遭到性骚扰时，要用法律保护自己"[③]。

4. 拓展与健全性教育渠道

首先要创造良好的学校性教育环境，设置有实效性的性教育课程，让学校和教师作为受教育者获取权威、正确的性信息的来源。其次，性教育专家研发有价

---

① 李燕. 儿童性教育发展的瓶颈及对策[J]. 教育理论与实践，2008，28（33）：43-45.
② 中华人民共和国教育部. 义务教育课程设置实验方案[Z]. 2001-11-19.
③ 中华人民共和国教育部. 中小学公共安全教育指导纲要[Z]. 2007-02-07.

值、有权威的性教育读本、绘本。父母和教师要在日常生活中对孩子使用网络获取性知识进行正当的引导和交流。除此之外,还可以激发社区的潜力,让社区成为性教育的重要力量。事实上,很多社区也自发地进行了基地的创立与"性教育"的宣传,如深圳的"性吧"。

2004年,深圳市性与生殖健康教育基地创立,媒体称之为"性吧"。这是由政府支持设立的。不同于传统的宣传教育模式,"建立以社区生育文化中心为载体的公共服务网络平台"①,"性吧"集生殖健康服务、计划生育宣传教育、避孕药具发放等功能于一体。目前,"性吧"在深圳市的数量已经多达600多家。同时,"性吧"模式也被引入企业之中。

总之,要更好地发展中国性教育,不仅要让人们正确认识性,还要让人们获取正确的性知识、树立正确的性价值观和性道德、明确性法律法规。中国性教育的发展需要家庭、学校、社会共同努力。

(二)新加坡性教育的启示

与新加坡相对完善的性教育计划相比,我国的性教育正处于起步之时,虽然取得了些许成绩,但在实施和发展过程中依然存在很多的问题。同时,将性教育融入家庭、学校和社会等方面的经验还有待积累与加强。新加坡性教育计划无论在实施和发展方面,还是在将性教育融入社会生活方面,对我国开展性教育均具有借鉴意义。通过对新加坡性教育计划的本体和实施的研究,对我国性教育事业的开展与实施提供一些可参考的启示意见。

1. 以学生为本,建立三方参与的性教育体系

政府政策和指导方针是指导性教育得以实施的基本保障。新加坡教育部不仅制定了"家庭—学校—社会"三方参与的性教育框架,还颁布了涵盖性教育目标、教材、课时安排等多方面内容的性教育指导方针。然而,到目前为止,我国教育部还没有专门针对性教育出台任何发展纲要或框架体系。在我国中小学开展性教育时,主要是依据《中华人民共和国未成年人保护法》《中华人民共和国人口与计划生育法》《中国儿童发展纲要》《中小学健康教育规范》等相关政策文件②。例如,

---

① "性吧"成宣传生殖健康重要阵地[EB/OL].(2010-12-08)[2020-11-15]. http://finance.ifeng.com/roll/20101208/3026050.shtml.

② 我国中小学性教育政策对学校性教育的支持和指导[EB/OL].(2017-05-08)[2020-11-15]. http://www.gy25edu.cn/articleshow-42-1474.htm.

《中小学健康教育规范》中规定中小学健康教育的内容主要包括 5 个领域：生长发育与青春期保健、健康行为与生活方式、心理健康、疾病预防、安全应急与避险[①]，并无专门针对性教育的指导方针。这使得我国性教育的发展没有明确的方向和目标，尤其缺乏具体的实施路径和评价标准，导致我国中小学性教育的实践过程由于模糊而难度加大，甚至有些学校选择"钻空子""走捷径"，并不为学生提供性教育。

因此，我国不仅要尽快制定专门的性教育指导方针，以法律的形式强制要求各组成部分参与到中小学生性教育的过程中，同时，还要多多鼓励高校开设性教育专业，并扩大性教育专业的招生规模，加强专业的性教育教师的培养。在学校方面，为学校制定科学、系统且富有层次的性教育课程标准，为性教育课程的发展方向和具体实施给予明确的指导和规划。在家长方面，不仅要为家长编写帮助其与孩子关于性问题进行沟通交流的小册子，作为指导家长对孩子进行性教育的指南，还要给家长提供一些针对青春期孩子性教育问题的求助热线和网址，以帮助家长解决指南中内未曾涉及却让家长感到无所适从的问题。在社会方面，社会组织可以为学校性教育计划的开展提供专业的知识和额外的资源，更好地促进学校性教育的发展，与学校的性教育互为补充。

2. 帮助学生树立正确的性态度和价值观

对青少年而言，性教育是其获取性知识和性技能，进而形成正确的性态度和性价值观的过程。基于这一认识，面对青少年居高不下的怀孕率和艾滋病等性病感染率，新加坡政府制订和实施的"成长岁月计划（GY）"和"授权青少年计划（eTeens）"，就是以帮助学生树立"婚前性行为是不可取的，随意产生性行为对自身和家庭带来严重的伤害"的理念为旨归，让学生杜绝婚前性行为、婚外性行为，明白这两种性行为对个体身心的危害，进而让学生学会做出正确的决定，建立起负责任的两性关系。

新加坡政府之所以要把性教育与性道德教育紧密结合起来，是因为人类的性行为不仅仅具有生物性，更多的是其社会性，因而要受到社会各种行为规范的制约和个人意志的控制。《北京晚报》等媒体曾披露了一份对北京东城区的 739 名高

---

① 中华人民共和国国家卫生和计划生育委员会.《中小学健康教育规范》[Z]. (2012-07-02) [2020-11-15]. http://www.moh.gov.cn/zwgkzt/pqt/201207/55285/files/1ae6e10aea834e59903d530feda8b8ff.pdf.

一学生关于性观念的调查显示：对婚前性行为持认可态度的有386人，占被调查人数的48.8%，其中有9.9%的学生认为一见钟情就可以发生性行为，甚至有2.5%的学生同意只要给好处，就可以发生性行为。这些中学生性观念中的金钱交易、随心所欲，绝不仅仅是因为缺少性知识，更多的是性道德的缺失。而性道德的缺失，必将带来性犯罪率的升高。未成年人性犯罪的心理原因是懵懂、好奇，进而模仿，这也是未成年人过早涉猎性行为的主要原因。绝大多数性犯罪的少年犯，在触犯法律之前往往已有过性经历。因此，一个国家的性教育，不仅要强调性知识教育，而且还应根据未成年人的特点，重视道德自律的灌输，这是处于青春期学生个体性道德形成不可逾越的首要阶段，有助于受教育者的性道德由他律向自律升华。

我国目前的性科学教育还存在着许多难处，不是光靠学校的课堂教育就能完成的。但是，面对未成年人性知识的贫乏、性道德观念的迷茫及性犯罪的日趋上升，性道德教育已迫在眉睫。为此，可以借鉴新加坡政府的做法，让青少年的性与性道德教育成为全社会共同关心的大事。

3. 加强性教育课程标准的研发和性教育教材的编写

分析心理学派的创始人荣格（Carl Gustav Jung）认为，学校教育在青少年个性形成中起着至关重要的作用，学校是他们接触到的第一个大世界，是对他们进行系统教育的重要基地[1]。课堂又是学校教育实施的主要途径。因此，新加坡教育部不仅对中小学性教育教师进行了相关规定，还为中小学性教育编写了富有层次性的多媒体教学教材，以及制定了详细的性教育课程标准，明确规定了各个学习阶段的教学资源包、单元主题、主题目标以及课时安排。

然而，由于缺乏专门针对性教育的课程标准、师资和教材，我国性教育在进入学校课堂时面临着巨大的困难。虽然在2014年4月由北师大出版社出版的《珍爱生命——小学生性健康教育读本》是全世界范围内第一个依据联合国教科文组织《国家性教育技术指导纲要》研发的性教育材料[2]，但目前也只是在几所试点学校使用或漂流阅读，并未成为全国小学通用的性教育教材。因此，加快研发专门针对性教育的课程标准，编写专门的性教育教材，培养专门的性教育教师，才能

---

[1] 荣格. 荣格性格哲学 [M]. 李荣德，译. 北京：九州出版社，2003.
[2] 我国中小学性教育政策对学校性教育的支持和指导 [EB/OL]. （2017-05-08）[2020-11-20]. http://www.gy25edu.cn/articleshow-42-1474.htm.

真正促进我国性教育事业的发展。

第一,加快研发专门性教育课程标准的步伐,制定包含有明确的性教育目标、丰富的性教育内容、恰当的性教育课时安排等方面的课程标准。除此之外,要在学校设立性教育课程,使性教育成为素质教育的必修课,并将性教育课程标准真正地落实到课堂中,落实到日常教学中。

第二,编写形式多样且能满足不同阶段学生需求的专业性教育教材,为我国性教育进入课堂扫除课程上的障碍。不同的年龄阶段具有不同的心理发展特点和成长需求。低年级的学生,年龄小,可以使用多媒体教材,以动画片、图画书等形式向学生教授性生理、性心理、性情绪及自我保护等方面的知识,帮助学生认识自我的生理结构和心理及情绪变化,进而更好地保护自我。较高年级的学生,可以将视频教学、书本教学与合作学习有机结合起来,将教材的重点放在培养学生健康、负责任的两性关系和性病毒传播感染等方面,给予学生科学、系统、全面的性教育,降低学生性病毒传播感染和怀孕、堕胎的概率,帮助学生形成正确的性道德观和性价值观。

4. 促使社会力量的积极参与

新加坡性教育计划得以很好地实施和开展,离不开家庭和社会组织的积极参与。家长和社会组织作为学校性教育的支持力量,促使新加坡的性教育计划得以更好地落实。家庭是孩子人生的第一个课堂,父母是孩子人生的第一任教师。家庭性教育对孩子性习惯的形成、性道德和性价值的培养及健全人格的养成具有他人无法替代的巨大作用,家长对孩子性教育具有不可推卸的责任和义务。

然而,受儒家传统思想文化的影响,我国众多父母对性保持着一种保守的态度和观念。同时,由于家长自身对性也是一知半解,因此,在家庭中家长不仅羞于向孩子进行性教育,也不知道用什么方式对孩子进行性教育。然而,青少年的性探索育不因父母的无知和保守就停滞不前。对孩子的性教育有两个关键期,即幼儿时期的早期教育和青春期教育。对于早期教育,无须向孩子传授关于性的理论知识,而只是要以正确的态度对待孩子的性生理、性心理和性情绪等方面的问题,帮助孩子养成自然、科学的性态度即可。随着青春期的到来,青少年的身心得到了"风暴式"的发展,加之社会性信息的广泛传播,青少年将面对越来越多的性疑惑,家长也将面临越来越多的性教育挑战。因此自身掌握足够的、科学的性知识成为必然之需。因此,我国可以借鉴新加坡的做法,召集全国性教育方面的专家学者和一线教师等根据学生的身心发展和需求为家长编写性教育读物。

该读物需要包含三方面的内容：其一，传授给家长正确、科学的性态度和性教育理念。作为父母，首先要消除自身对性教育的误解，端正自身对性教育的态度，为青少年提供正确的性理念，促进青少年对于性发育、人类生育及健康性行为的了解，从而为帮助青少年形成自然、科学的性态度和性理念奠定基础。其二，向家长提供一些青少年生理、心理、情绪变化方面的基本知识以及面对这些变化的应对措施等，帮助家长了解并有效地应对孩子成长过程中的身心和情绪方面的变化。其三，向家长提供一些关于怀孕、堕胎、艾滋病毒及其他性传染病毒等方面的知识，帮助学生建立负责任的两性关系，减少随意性行为的概率。其四，提供恰当的案例及家长与孩子针对性话题的沟通技巧。随着时代的发展，社会越来越开放，越来越多的家长对性的态度也随之变得更加宽容，家长自身不仅有正确的性观念，关于性也有一定的知识储备，但缺乏恰当的案例，以及与孩子沟通交流的技巧和方法。因此，该读物不仅需要向家长提供大量、丰富的案例，还需要提供一些与孩子关于性话题的沟通交流技巧。

其次，新加坡性教育计划中规定社会组织作为外部供应者的身份，为学校性教育计划提供额外的资源。政府应该多呼吁社会相关组织和机构参与到学校性教育中，为学校性教育计划补充资源。因此，要想促进我国性教育事业的发展，家庭和社会组织的辅助缺一不可。

5. 加强对性教育的监督与管理

注重对学校性教育课程的检查和监督，加强社会组织和机构性教育活动的管理和问责，是新加坡性教育的一项重要举措。只有加强政府对性教育的监督和管理，才能使性教育工作的开展与实施有制度性的保障，才能使性教育能够正常运转下去。因此，我国性教育工作的开展，也离不开政府的保驾与护航，要加强政府对性教育的监督与管理。

首先，教育部要联合国家卫生和计划生育委员会成立专门的性教育专家小组，不仅要组织和引导学校在其官网上开展性教育的宣传与教育，定期督促学校对网站的性教育的内容进行更新与替换，还要定期对学校的性教育课程教材、课程内容、教学方法及效果进行检查，并进行及时的反馈，督促学校进行及时的整改。

其次，教育部要组建一支专门进行性教育工作监督与管理的队伍，到学校给从事性教育的教师进行相关的培训，扩充教师的知识，丰富教师的教学方法，并开展一定的讲座以加深学校对性教育的认识与重视。

再次，教育部需要设立专门的性教育审查部门，对学校、家庭和社会对学生的性教育进行定期的审查，确保他们给学生提供的讲座、课程、社会环境是符合社会核心价值观、有利于培养学生健康科学的性道德观和性价值观的。

最后，教育部要联合学生家长与社区等力量，在向家长与社区普及基本的性教育知识的同时，最主要的还是要让他们意识到性教育的重要性，并引起他们的重视，最后积极配合政府开展相关的性教育工作，以促进性教育工作的有序开展，提高青少年对性教育的认识。

6. 培养专门的性教育教师

专业的性教育教师是新加坡性教育计划得以实施的必要条件。为此，新加坡教育部规定从事性教育的教师必须由专业的性教育教师担任。这部分教师必须是由学校专门挑选，并经过教育部的专业培训。此外，新加坡教育部还限定了教授中小学性教育教师的任职条件，并规定学校辅导员有为学生提供有关性问题的建议和咨询的责任和义务。

相比之下，我国目前仅有首都师范大学和成都大学两所高校开设了性教育辅修专业，为学生提供性生理学、性心理学、性教育学、解剖学、性美学、性规范等13门课程[1]。由此可以看出，我国专业的性教育教师很缺乏。通过对我国农村学校性教育实施状况的实地调研可以看出，学校性教育的教师多由语文老师、生活老师担任，且多以女性为主，并无专门的性教育教师[2]。如果没有专业的性教育教师，"巧妇"也"难为无米之炊"。

为此，2012年2月教育部发布的《教师专业标准（试行）》对全体教师提出掌握中小学生青春期和性健康教育的知识和方法的要求，这促进了性教育教师队伍的建设。另外，各地教育行政部门和学校也高度重视健康教育师资建设，把健康教育师资培训列入在职教师继续教育的培训系列和教师校本培训计划，分层次

---

[1] 儿童教育专家刘文利：让孩子勇敢谈"性"[EB/OL].（2018-02-07）[2020-11-20]. http://baby.sina.com.cn/ 2018-02-07/doc-ifyrhcqz4680676.shtml.

[2] 黄庆祥. 四川农村留守女童性侵害防范研究[D]. 桂林：广西师范大学，2018.

开展培训工作，不断提高教师开展健康教育的水平①。具体而言，可以借鉴新加坡政府的做法，并结合我国的国情，从以下途径提升我国性教育师资：

① 加强心理健康教育教师队伍建设，配齐具有相关专业的心理健康教育专职教师。

② 大力开展心理健康教育教师培训。教育部专门组织专家制定教师培训课程标准，分期分批对中小学心理健康教育教研员和骨干教师进行国家级培训②。2016年组织开展了第二期"性教育培训师"师资培训③。

③ 聘请专业人员培训健康教育师资、开展专题讲座等健康教育活动，增强健康教育的针对性和实效性。

④ 各地各学校切实加大健康教育经费投入，强化健康教育的条件保障④。比如北京市第一七一中学通过教师培训、研讨交流形成了班主任教育主体系统和辅助支持系统，为班主任编制了《班主任性健康教育培训手册》《班主任性健康教育班会工作手册》，并形成性教育课题组，培养骨干老师和课题组骨干，为更多的校外老师分享经验和方法。

---

① 教育部关于印发《中小学健康教育指导纲要》通知 [EB/OL]. (2018-12-27) [2020-11-20]. http://www.gov.cn/gzdt/2008-12/27/content_1189107.htm.

② 教育部关于印发《中小学心理健康教育指导纲要（2012年修订）》的通知 [EB/OL]. (2012-12-11) [2020-11-20]. http://old.moe.gov.cn/publicfiles/business/htmlfiles/moe/s7164/201212/145679.html.

③ 中国人口宣传教育中心健康科普青年讲师团赴昆明开展"性教育培训师"师资培训 [EB/OL]. (2016-04-14) [2020-11-20]. http://www.nhfpc.gov.cn/jgdw/s7967qb/201604/a76c343d76e24cdb85f1eeec2f337195.shtml.

④ 教育部关于印发《普通高等学校健康教育指导纲要》的通知 [EB/OL]. (2017-07-10) [2020-11-20]. http://www.gov.cn/xinwen/2017-07/10/content_5209366.htm.

参考文献

[英文参考资料]

[1] Singapore Ministry of Education. MOE framework for sexuality education [EB/OL]. (2018-10-11) [2020-08-20]. https://www.moe.gov.sg/education/programmes/social-and-emotional-learning/sexuality-education/moe-framework-for-sexuality-education.

[2] Singapore Ministry of Education. Roles of stakeholders [EB/OL]. (2018-10-11) [2020-08-28]. https://www.moe.gov.sg/education/programmes/social-and-emotional-learning/sexuality-education/roles-of-stakeholders.

[3] Singapore Ministry of Education. Scope and teaching approach of sexuality education in schools [EB/OL]. (2018-10-11) [2020-08-28]. https://www.moe.gov.sg/education/programmes/social and emotional-learning/sexuality-education/scope-and-teaching-approach-of-sexuality-education-in-schools.

[4] Singapore Ministry of Education. Implementation polices for sexuality education [EB/OL]. (2018-10-11) [2020-08-28]. https://www.moe.gov.sg/education/programmes/social-and-emotional-learning/sexuality-education/implementation-policies-for-sexuality-education.

[5] Singapore Ministry of Education. Sexuality education related topics in science [EB/OL]. (2018-10-11) [2020-09-20]. https://www.moe.gov.sg/docs/default-source/ document/education/programmes/social-emotional-learning/sexuality-education/

scope/files/science-curriculume.pdf.

[6] Singapore Ministry of Education. 2014 character and citizenship education (Primary) syllabus [EB/OL]. [2020-10-11]. https://www.moe.gov.sg/docs/default-source/document/education/syllabuses/character-citizenship-education/files/2014-character-citizenship-education-eng.pdf.

[7] Singapore Ministry of Education. 2014 character and citizenship education (Secondary) syllabus [EB/OL]. (2020-10-11). https://www.moe.gov.sg/docs/default-source/document/education/syllabuses/character-citizenship-educat-ion/files/2014-character-citizenship-education-secondary.pdf.

[8] Singapore Ministry of Eclucation. Love Them, Talk about Sex——A guide to help parents communicate with their children on sexuality issues [M]. Singapore: Ministry of Community Development, Youth and Sports (MCYS) and Health Promotion Board (HPB), 2008.5.

[9] Singapore Ministry of Education. Sexuality education [EB/OL]. (2016-05-18) [2020-10-11]. https://www.moe.gov.sg/education/programmes/social-and-emotional-learning/sexuality-education.

[10] Singapore Ministry of Education. Evaluation and appointment process [EB/OL]. (2020-10-11). https://www.moe.gov.sg/education/programmes/social-and-emotional-learning/sexuality-education/information-for-external-providers/evaluation-and-appointment-process.

[11] Singapore Ministry of Education. Criteria for external providers. [EB/OL]. (2020-10-11). https://www.moe.gov.sg/education/programmes/social-and-emotional-learning/sexuality-education/information-for-external-providers/criteria-for-external-providers.

[12] Raffles Girls' School. Sexuality education programme [EB/OL]. (2019-02-20)[2020-10-11]. https://www.rgs.edu.sg/holistic-education/student-development/sexuality-education.

[13] White Sands Primary School. Sexuality education programme [EB/OL]. (2019-03-23) [2020-10-25]. https://whitesandspri.moe.edu.sg/character-development/sexuality-education-programme.

[14] National Junior College. Sexuality education (JC) [EB/OL]. (2019-04-05) [2020-10-25]. https://nationaljc.moe.edu.sg/sexuality-education-jc/

[15] St. Joseph's Institution. Sexuality education [EB/OL]. (2016-07-12) [2020-10-25]. https://www.sji.edu.sg/programmes/student-development-programmes/sexuality- education.

[16] NUS High School. MOE's sexuality education in schools [EB/OL]. (2017-02-21) [2020-10-25]. https://www.nushigh.edu.sg/student-development/moes-sexuality-education- in-schools.

[17] Singapore Motherhood. Sex education for kids: an age-by-stage guide [EB/OL]. (2016-07-19)[2020-10-25]. https://singaporemotherhood.com/articles/2016/07/sex- education-kids-guide-birds-bees/.

[18] Sexuality education and the state in Singapore [EB/OL]. (2014-05-14) [2020-11-25]. https://testing the historian site.weebly.com/terence-ting—sexuality-education- and-the-state-in-singapore.html.

[19] Focus on the family Singapore [EB/OL]. (2018-10-21) [2020-11-05]. https://en. wikipedia.org/wiki/Focus_on_the_Family_Singapore#cite_ref-MOE Shortlist_13-0.

[20] Association of women for action and research [EB/OL]. (2019-01-02) [2020-11-05]. https://en.wikipedia.org/wiki/Association_of_Women_for_Action_and_Research.

[21] Sexuality assault care center [EB/OL]. (2018-01-15) [2020-11-05]. http://www. aware.org.sg/womens-care-centre/sexual-assault-care-centre-sacc/.

[22] Is Singapore's secular sexed an illusion? [EB/OL]. (2015-04-16) [2020-11-05]. http://ricemedia.co/current-affairs-opinion-is-singapores-secular-sex-ed-an-illusion/.

[23] Singaporeans failing at sex education? [EB/OL]. (2012-07-05)[2020-11-15]. https:// www.asiasentinel.com/society/singaporeans-failing-at-sex-education/.

[24] Family life society fails in bid to provide sexuality education in schools [EB/OL]. (2010-05-23)[2020-11-15]. http://catholicnews.sg/index. php? option=com_content&view=article&id=4451:family-life-society-fails-in-bid-to-provide-sexuality-

education-in-schools&catid=243&Itemid=473&lang=en.

［25］Catholic schools in Singapore forced to present condom-promoting sex-Ed Program［EB/OL］.（2010－09－30）［2020－11－15］. https://www.lifesitenews.com/news/catholic-schools-in-singapore-forced-to-present-condom-promoting-sex-ed-pro.

［26］The why, what and how of sex education［EB/OL］.（2017－06－16）［2020－11－15］. https://www.citynews.sg/2017/06/16/the-why-what-and-how-of-sex-education/.

［27］List of LGBT organisations in Singapore Wikipedia［EB/OL］.（2018－12－04）［2020－11－15］. https://en.wikipedia.org/wiki/List_of_LGBT_organisations_in_Singapore.

［中文文献资料］

［1］朱熹. 四书集注·孟子集注［M］. 北京：中华书局，1983.

［2］荣格. 荣格性格哲学［M］. 李荣德，译. 北京：九州出版社，2003.

［3］黄育馥. 西方性教育［M］. 北京：社会科学文献出版社，1989.

［4］［法］西蒙娜·德·波伏瓦. 第二性［M］. 上海：上海译文出版社，2014.

［5］毕世鸿. 新加坡［M］. 北京：社会科学文献出版社，2016.

［6］谭嗣同. 谭嗣同集［M］. 长沙：岳麓书社，2012.

［7］吕元礼，陈家喜，张万坤，等. 新加坡研究（2016卷）［M］. 北京：社会科学文献出版社，2017.

［8］黄庆祥. 四川农村留守女童性侵害防范研究［D］. 桂林：广西师范大学，2018.

［9］李巧玲. 新中国三十年的性伦文化［D］. 北京：首都师范大学，2004.

［10］吴薇. 中美两国青少年性教育比较研究［D］. 长春：东北师范大学，2006.

［11］上官芳芳，李甦. 中美青少年性教育的理论建构比较［J］. 国际生殖健康/计划生育杂志，2012，31（03）.

［12］张庆会. 美国学校青少年性教育研究［D］. 南昌：江西师范大学，2016.

［13］聂慧敏，余小鸣，谭雪庆，王宇晴，王嘉. 美国学校性教育相关课程标准及政策分析［J］. 中国学校卫生，2018，39（8）.

[14] 左芳. 美国得克萨斯州青少年性教育研究 [D]. 上海：华东师范大学，2011.

[15] 邓金霞. 美国性教育课程标准和初中通用版教材《Health & Wellness》（性教育部分）的研究 [D]. 上海：华东师范大学，2012.

[16] 靳琰. 中国与瑞典、美国学校性教育比较研究 [D]. 上海：华东师范大学，2007.

[17] 徐清清. 美国得克萨斯州初中健康教育（性教育部分）的课程标准和教材研究 [D]. 上海：华东师范大学，2012.

[18] 祝怀新，吕慧. 英国中小学国家课程体系中的性教育探析 [J]. 比较教育研究，2014，36（1）.

[19] 英国：正式将性教育列入全国必修课程 [J]. 中小学德育，2017（5）.

[20] 谢醒瑶，贾瑞棋，郭丽娟. 英格兰亲密关系与性教育课程探析 [J]. 中小学心理健康教育，2019（6）.

[21] 我国中小学性教育政策对学校性教育的支持和指导 [EB/OL]. (2017-05-08) [2020-10-20]. http://www.gy25edu.cn/articleshow-42-1474.htm.

[22] 林婷，郑晓瑛. 中国未婚流动青少年性行为及其影响因素研究 [J]. 中国计划生育学杂志，2012，20（12）.

[23] 卫计委发布报告：青少年初次性行为平均年龄 15.9 岁 [EB/OL]. (2015-05-19) [2020-10-20]. http://news.china.com.cn/2015-05/19/content_35602367.htm

[24] 中华人民共和国国家卫生和计划生育委员会.《中小学健康教育规范》[EB/OL]. (2012-07-02) [2020-10-20]. http://www.moh.gov.cn/zwgkzt/pqt/201207/55285/files/1ae6e10aea834e59903d530feda8b8ff.pdf.

[25] 儿童教育专家刘文利：让孩子勇敢谈"性" [EB/OL]. (2018-02-07) [2020-10-20]. http://baby.sina.com.cn/2018-02-07/doc-ifyrhcqz4680676.shtml.

[26] 培养专业教师是中国性教育的主要出路？[EB/OL]. (2010-09-29) [2020-10-20]. http://blog.sina.com.cn/s/blog_4ee38e980100ljgg.html.

[27] 联合国教科文组织. 国际性教育技术指导纲要 [EB/OL]. (2010-06-04) [2020-10-20]. https://www.taodocs.com/p-55517417.html.

[28] 瑞典性教育的核心：避孕 [EB/OL]. (2007-09-19) [2020-10-20]. http://blog.sina.com.cn/s/blog_4e4d65f401000bj8.html.

［29］中国少年儿童文化艺术基金会艺术基金会女童保护基金"女童保护"2016年儿童预防性侵教育报告［EB/OL］.（2017-03-03）［2020-10-20］.http://gongyi.ifeng.com/a/20170303/44550261_0.shtml.

［30］郭佳琰.中国艾滋病疫情严峻感染威胁迫近"00后".［EB/OL］.（2015-08-24）［2020-10-30］.http://www.china.com.cn/guoqing/2015-08-24/content_36398440.htm.

［31］杨柳，钟子渝.青少年性教育现状调查［J］.中国性科学，2011，20（8）.

［32］代丽丽.大学生性与生殖健康现状调查报告发布：超两成曾发生性行为［N］.北京晚报，2016-09-26（14）.

［33］苏红，任永梅.对我国性教育的历史追溯、比较分析及其反思［J］.内蒙古师范大学学报（教育科学版），2005（5）.

［34］郑晓瑛，陈功，韩优莉，等.中国青少年生殖健康可及性调查基础数据报告［J］.人口与发展，2010，16（3）.

［35］是性教育读本尺度太大还是家长观念落后？［EB/OL］.（2017-03-07）［2020-11-05］.http://health.zjol.com.cn/system/2017/03/07/021459512.shtml.

［36］钱小华，王进鑫.中美学校性教育比较研究［J］.成都师范学院学报，2014（2）.

［37］吴薇.中美两国青少年性教育比较研究［D］.长春：东北师范大学，2006.

后　记

性教育在教育领域是一项前沿项目，在国际上已有许多国家形成了较为科学的性教育计划。从 2000 年开始，新加坡教育部陆续针对小学五年级至预科阶段的学生颁布了两个适合不同年龄阶段需求的性教育计划——成长岁月计划和授权青少年计划。这两个计划不仅规定了性教育的目标、主题与内容，还规定了性教育实施的原则、途径和方法，编写了专门的性教育多媒体教材，培养了专职的性教育教师，明晰了性教育各实施主体的职责。新加坡性教育因其显著的成效也成为亚洲性教育的样本与典范。与新加坡相对完善的性教育计划相比，我国的性教育正处于起步之时，虽然取得了些许成绩，但在实施和发展过程中依然存在很多的问题。新加坡性教育计划无论在实施和发展方面，还是在将性教育融入社会生活方面，对我国开展性教育均具有重要的借鉴意义。基于此，才有了本书写作的初衷。

《中国－新加坡性教育比较研究》通过对中国和新加坡性教育的研究，既可为我国研究者开展性教育研究提供可靠的文献参考，又可增进我国研究者对新加坡性教育运行机制的了解，从而为我国性教育的开展与实施提供参考和借鉴。

全书共分为七章：第 1 章从历史的角度分别擘画了中国和新加坡性教育的发展历程；第 2 章分别对中国和新加坡的性教育方案进行了分析；第 3 章对中国和新加坡性教育的目标、内容进行了比较；第 4 章分析了中国和新加坡性教育的途径；第 5 章结合具体实例对中国和新加坡性教育的方法进行了比较；第 6 章从公众对性教育的态度、未婚少女怀孕率、堕胎率、生子率、青少年性病患病率、婚前性行为发生情况等方面对中国、新加坡性教育的效果进行了分析；第7章在前面几章分析的基础上提出了中国–新加坡性教育研究的反思和启示。

  作为东盟国家比较教育研究方向的重要研究成果之一，本书的出版得到了南宁师范大学教育学一流学科建设经费的资助，感谢南宁师范大学教育学学科负责人任初明教授、教育科学学院李强院长以及学院教授委员会对本书的大力支持！感谢华中师范大学王学教授、王建梁教授，南京师范大学程天君教授，西南大学朱德全教授，广西大学王巨光教授，新加坡南洋理工大学吴英成教授，新加坡教育部冯耀华博士，南宁师范大学刘振平教授、李香玲教授、熊孝梅教授、徐延宇教授、熊进博士等为本书提出的大量宝贵意见！另外，我的研究生刘玉婉、李姗珊、高慧艳、李芯怡、张卉梓为本书的写作收集和整理了大量的资料，在此对他们的辛勤付出表示感谢！

  最后需要说明的一点是，受资料查找及翻译能力的制约和限制，本书在撰写过程中难免出现纰漏与错误，敬请各位同行与读者批评指正。

杨素萍

2020 年 11 月 20 日